困在身體裡的男孩

11年動彈不得，運用心靈力量重生的真實故事

馬丁・皮斯托留斯——著
Martin Pistorius
梅根・洛伊德・戴維斯
Megan Lloyd Davies

楊佳蓉——譯

ghost boy

〈專文推薦〉

從被困住到緩步前行

彭懷真博士

內人三月二日跌倒，膝蓋骨碎成三塊，立即開刀，從早到晚都得帶著護具。看到她如此不良於行，我佩服所有被困住的人，也想到：如果這樣的痛苦發生在自己的身上，我是否還能樂觀生活？因此，閱讀走出困境者的見證是好辦法，能激勵自己樂觀看待生命中的考驗。

考驗就是一個又一個猛烈的刺激，心理學最主要探討的是「刺激如何對不同個體產生反應」，當一個人生病或受傷，原本對刺激應該會出現的正常反應未能出現，甚至無法反應。作者馬丁十二歲時生了怪病，身體幾乎完全喪失反應的能力，動彈不得，醫生認為他的心智也將退化成嬰兒，也活不過兩年。

很特別的，馬丁的心智依然能接受刺激，意識清楚，可以思考，但其他人以為馬丁如同植物人。就在此種「生理面無法接受刺激，心理面依然活躍」的矛盾中，生活了十一年。此種身心極度不協調的情形，實屬罕見。他與家人所經歷的困境乃至轉折，更是特別。

我從事社會工作，致力於幫助在經濟上受困的低受入戶脫離貧窮，幫助身心障礙的家庭減輕財務或生活的負擔，幫助經歷家庭暴力的人獲得法律及心理的支持……每一種服務專案，都有很多難題，每一位所服務的個案與家庭都受制於某些困境，都是被困住的人，如果少了自助人助，難以掙脫。

受困者自助，表示渴望改變困境。他人協助，強化改變困境的力道。其中，家人的角色最重要也最關鍵，是所有醫療人員或社工都無法替代的。家人一方面需協助受困者，同時也是「受困者」。讀到「我的雙親」那一篇，我深受感動。作者描述父親與母親如何為了他而受苦，父親辭職、母親忙碌不堪，雙親四處求醫。甚至為了他，家人分成兩派；為了他奇特的病，親友刻意與家人疏遠；為了他，母親被強烈的罪惡感所折騰，吞藥自殺所幸獲救……這些，都是我們協會在服務身心障礙者時一再看到的真實困境。一個人受困，全家生活在強大的壓力下，亟需各種支持。

自一〇三年起，我們承辦「台中市十八歲以下多重障礙兒童少年家庭關懷支持服務方案」，本會原本不是身心障礙團體，但此方案連身障團體都沒有意願承辦。方案的內容之一是辦夏令營，為避免暑假期間十八歲以下領有多重障礙重度、極重度手冊兒童少年之父母因上班而無法照護，特別開辦暑期營隊活動，為期三週，如此父母可以有三週的喘息。活動開始及結束時，我都邀請家長與台中市政府社會局的同仁參加座談，希望能有更好更適切的服務。還記得第二次座談時，一位母親說：「我只有一個心願，比孩子多活一天。我死了，誰來照顧他呢？」

受到家長的刺激，我與本會的常務理事林瓊嘉律師規劃了「台中市身心障礙者財產信託服務計畫」，希望幫助身心障礙者的家長為子女儲蓄，將金錢信託在台灣銀行。台灣銀行只收最低的管理費，我們又爭取公益彩券基金補助這些管理費與開辦費，還安排身心障礙團體持續關懷身障者、協助家戶。這些年的服務經驗使我深深感覺要「傾聽身障者及家人的心聲」，閱讀此書也給我很大的幫助。

馬丁重返社會的核心題有四，一是身心功能的強化，二是與家人間的互動，三是進入職場，四是發展戀情。作者對第四方面的著墨最多，真誠、獨特、溫馨，很感人，遠方的女子如此愛他、支持他、分享他的一切。但我特別看重的是如何從與就業市場沾不上邊的困境裡，逐步發展自信，訓練職業技能，在壓力與困難中做事，這也是他能開展愛情的關鍵動能。在健康中心，他開始第一份工作——歸檔和影印，然後是一個又一個的挑戰。身邊的伙伴經驗豐富，他只是自學出身，原本連打電腦都是天大難事。

但馬丁發現：「不論用什麼方法進入職場，只要證明自己值得待在這裡就好。」

他寫道：「隨著時間過去，我的自信越來越強大，也發現自己受到同事信賴。」他的工作表現很棒，廣受肯定，甚至對三百多人演講……

如此的經驗很可貴，我要將此書提供給本會六位身心障礙支持性就業服務員及他／她們的督導看，這些專職同仁的工作就是幫助身心障礙者不僅在保護的環境中與身心障礙者做事，更能加入一般人的就業職場。當然，無法一步到位，因此需就業服務員持續支持，甚至陪著做一陣子，到身障者上手，然後繼續關心協助。這些就業服務員使身心障礙者恢復自信，積極開展前程。我最近還與其他銀行商討，規畫結合支持性就業與財產信託兩大方案，使身障者將所賺得的一部份儲蓄信託，日後的生計更有保障。

從被困住到提昇人生各層面的品質是不容易的歷程，馬丁的真實經歷令人感動、感佩，讀起來覺得自己「向上提升」。馬丁的英文名字是Martin Pistorius，使我想起另一位馬丁（Martin Hurkens），這位老歌手唱〈You raise me up〉（你鼓舞了我），百聽不厭。歌詞如此唱：

當我失落的時候，噢，我的靈魂，感到多麼的疲倦；當有困難時，我的心背負著重擔，然後，我會在寂靜中等待，直到你的到來，並與我小坐片刻。

你鼓舞了我，所以我能站在群山頂端；你鼓舞了我，讓我能走過狂風暴雨的海；

當我靠在你的肩上時，我是堅強的；你鼓舞了我……讓我能超越自己……

人生路很辛苦，但總是需要鼓舞，使我們能超越困境、努力前行。

（本文作者為中華民國幸福家庭促進協會理事長，東海大學社工系副教授）

媒體好評

這本書令人愛不釋手、震撼連連……有個圓滿結局的《潛水鐘與蝴蝶》。

——泰晤士週日報

感人至深。

——週日郵報

非常動人的回憶錄。

——泰晤士週日報嚴選好書

作者具有相當傑出的高度同理心，或許是因為他多年來被迫旁觀聆聽，聽見人們在他身邊吐露心中重擔，不知不覺間吸收了旁人的痛苦……他的溝通方式格外直接，他面對現實情緒的態度稱得上是毫無畏懼。

——蘇格蘭週日報

馬丁說出他奇蹟似的痊癒歷程，以及他最後是如何找到愛情、家、工作……在這本極度感人、鼓舞人心的新書中，馬丁訴說他身為幽靈男孩的驚奇故事。

——愛爾蘭郵報

不可思議的回憶錄。

——巨星雜誌

馬丁的文字讓人感同身受，他以生動的筆觸提醒大家：生活中經歷的各種不公不義都能幫助我們成長茁壯。他提醒我們，只要選擇去做，任何人都能從人生轉折中獲得滋養。最重要的是作者讓大家看見，上帝確實不會給予超出我們能力的課題，祂給的是迎頭面對逆境、克服一切挑戰的機會。讀讀這本書吧。你會愛不釋手，體驗過馬丁的人生之後，你將成為更美好的人。

——紐約時報暢銷書《請帶我回家》作者麥可・辛森

閱讀這本書使我與兒子洛根更加親近，他是嚴重的自閉症患者，無法言語。看著馬丁透過寫作透露他的個人經驗，我大大理解洛根所面對的挑戰。無論是誰，只要生命中接觸過溝通障礙者，都一定要讀讀這本書！

——ProxTalker.com, LLC 總裁葛倫・戴博斯

我誠心推薦這本書給每一個與身心障礙兒童相處，或是打算在這個領域耕耘的人。馬丁將那些障礙背後的人描寫成「完整的存在」，本書將會改變對這個領域不甚了解的人面對生理障礙者的態度。

——紐約市教育局特殊教育部門輔助技術協調員凱倫・歌曼

馬丁的故事不只強調出他的深度與人性面，也呈現出他面對人生的智慧。本書非讀不可。

——美國印地安納大學特教系教授兼系主任艾納・阿朗特

一本開啟我們心智與靈魂的書。

——發展障礙委員會前會長蘇・史文生

如果今年有時間讀一本書，我建議你選擇馬丁・皮斯托留斯的《困在身體裡的男孩》。或許你對徹底活著這課題的疑惑會減少許多。

——美國坦普大學名譽教授黛安・尼爾森・布萊恩

作者以無比勇氣說出一個人是如何以超乎想像的韌性與堅毅對抗奇異的命數。這本書讓你又哭又笑，而且絕對會重建你的信心，相信只要勇於作夢，一切都有可能。

——英國皇家學院語言治療師、羅根科技有限公司行銷總監珊德拉・哈特雷

讀過這本書，你一定能理解大多數人是如何將自身受到的恩惠視為理所當然。

——《如何改變世界》作家約翰—保羅・福林多弗

獻給我的妻子瓊娜，她聆聽我靈魂的低語，深愛我的本質。

目次

媒體好評 008
〈專文推薦〉從被困住到緩步前行 彭懷真 003
序幕 014
倒數 017
深淵 021
浮起來換氣 025
箱子 030
維娜 037
覺醒 041
我的雙親 048
改變 052
開始與結束 055
日復一日 062
可憐的東西 067
生死關頭 072
我媽 076
別的世界 084
煎蛋 087
說個祕密 091
咬下去 097
復仇三女神 099
孔雀開屏 104
勇於作夢 109
祕密 118
破繭而出 121
我無法拒絕的提議 123
往前一跳 127
站在海中 132
她回來了 135
派對 138
漢克與愛麗葉塔 145
治療師 149

逃出籠外 154
演說 160
新世界 166
筆電 169
輔導員 171
記憶 176
不存在的玩偶 180
幻想 185
新朋友 189
牠什麼時候能學乖？ 191
GD跟咪咪 197
充滿愛的生命，活在愛裡 200
天搖地動 206
陌生人 210
全都變了 215
看看米老鼠？ 219
真正的我 223
獅子心 225
告訴她 228
糖與鹽 230
墜入 237
攀爬 242
機票 246
到家了 251
在一起 254
無法選擇 261
共舞 265
離開 268
岔路 271
坦白 273
往上、往上、飛向遠方 277
說再見 282
放手 287
嶄新人生 289
等待 294
致謝 299

序幕

電視上又在播《小博士邦尼》了。我討厭這個節目——還有主題配樂。那是《洋基歌》的調子。

我看著螢幕裡的小孩單腳雙腳蹦蹦跳跳，躍入紫色恐龍張開的手臂，接著又看了看四周。房間裡的小孩子都一動也不動地躺在地上，或是癱坐在椅子上。一條束帶把我直挺挺地綁在輪椅上。我的身體跟其他人一樣，是一座無法逃離的監牢：想說話的時候，我只能沉默；想命令手臂移動，它總是毫無動靜。

我跟那些小孩有一個地方不同：我的意念躍動飛掠，像車輪一般打轉，猛翻筋斗，直想突破束縛，在灰暗世界裡招來絢爛的閃電。可是沒有人知道，因為我沒辦法告訴他們。他們認為我是個空殼子，所以這九年以來，我才會成天坐在這裡聽《小博士邦尼》或是《獅子王》，就在我以為最糟也不過是如此的時候，《天線寶寶》開演了。

今年我二十五歲，但我的回憶起始於我從某個迷失之處回返人間的那一刻。感覺像在黑暗中看到一道道閃光，耳邊聽見旁人談起我的十六歲生日，討論要不要幫我刮鬍渣。聽到這些話我嚇壞了，因為，雖然我對過去沒有記憶或是感覺，我很確定我是個小孩，而那些聲音談論的對象卻是個年輕小伙子。接著，我慢慢發覺他們口中說的是我；我甚至開始理解我有爸爸媽媽，弟弟妹妹，我每天晚上都會見到他們。

各位有沒有在電影上看過某人以幽靈的狀態醒來，不知道自己已經死了？就是這種感覺，我發現人們的視線總是穿透我、繞過我，而我完全無法理解究竟是為什麼。無論我多麼努力地乞求、尖叫呼喊，就是沒辦法讓他們注意到我。我的意念被困在無用的軀殼裡頭，手臂和雙腿的控制權不在我身上，聲音全被消除。我沒辦法打手勢、發出聲音，讓任何人知道我恢復意識了。我是隱形人——我是個幽靈男孩。

於是我學會擁抱祕密，成為周遭世界的沉默見證人，生命在一成不變的日子間流逝。我醒來以後過了九年，在那段歲月中，我運用唯一的工具——意念——從絕望的黑色深淵逃往迷離幻境，探索一切。

在我遇見維娜之前狀況便是如此，只有她懷疑我體內藏著活躍的意識。她要我明天證明此事，到一間專門研究替沉默發聲的診所接受測驗，好幫助大家——從唐氏兒、自閉兒到腦部長腫瘤或是中風的患者——溝通。

我心底有個角落不敢相信這次會面有辦法解放硬殼裡的那個人。我花了好長的時間才接受自己被困在身軀裡，接受這個匪夷所思的概念，因此我不敢思考我或許有機會改變命運。可是，無論我有多害怕，想到說不定終於有個人發現我就在這裡，我就感覺到希望即將起飛。

倒數

我每一天都在南非某個大城市市郊的療養院度過。只要開上兩三個小時的車，就能來到蓋滿黃色灌木叢的丘陵區，獅子在漫步尋找獵物，土狼跟在牠們屁股後面尋覓殘羹剩飯，最後是想從骨頭上啄光些許肉片的禿鷹。一點都不浪費。這座動物王國呈現完美的生死循環，如同時光一般永無止盡。

我漸漸透徹瞭解到時間是如何漫長，學會在其中迷失自我。只要我封閉自己，軀殼內只剩純然的黑暗，化為任人清洗餵食、從輪椅搬到床上的虛無，或者是融入我在周遭看見的片刻生機，時光便會一天天甚至一週週流逝。地上的螞蟻排出戰爭與前哨攻防的陣勢，戰役開打、落敗，歷史和人類一般血腥殘忍，而我是唯一目擊者。

與其被動接受，我學會駕馭時間。我少有機會看到時鐘，聽到有人問起時間就記住陽光落在哪裡，我教會自己如何從四周光影變化來分辨時刻。接著我利用旁人無情制定的固定活動來精進這項技能——十點是上午的飲水時刻，十一點半吃午餐，下午三點喝下午茶。我的練習機會可多著呢。

也就是說現在我能面對日子，直視它們，一分鐘一分鐘地細數，任由數字的沉默之音填滿我——曲折乖僻的六與七，八跟一是令人滿足的斷音。沉迷其中整整一個禮拜後，我深刻感激自己住在晴朗的國度。要是生在冰島，說不定我永遠學不會征服鐘點的法門，只能讓時間無窮無盡地洗刷我，宛如沙灘上的卵石漸漸消磨殆盡。

冰島是黑夜與白晝無比漫長的地方，獅子背後跟著土狼和禿鷹——連我自己也不知道為什麼腦中收著這些知識。除了從開啟的電視與收音機汲取的資訊——那些聲音像是通往外界黃金寶藏的彩虹橋——我沒有上過課，也讀不了書。我不禁納悶那是不是我生病前就知道的事情。疾病摧殘了我的肉體，但只短暫竊據了我的心智。

現在已經過了中午，也就是說再過不到五個小時，爸爸就會來接我。下午五點爸爸來接我的那一刻是一天之中最愉快的時光，因為我可以暫時拋下療養院。要是媽媽提早下班，她在下午兩點就能來接我，那股興奮更是無法用言語形容。

我會開始數時間——幾秒、幾分鐘、幾小時——希望這樣能讓我爸爸來得更早一些。

一、二、三、四、五……

希望爸爸會打開車上的收音機，這樣回家路上我們可以一起聽板球賽的轉播。

「出局了？」當某一隊的球滾過三柱門，有時他會如此大喊。

弟弟大衛跟我在同一個房間裡玩電腦遊戲的時候也會這樣。「過關了！」他的手指在搖桿上飛舞，偶爾發出這樣的尖叫。他們都不知道我有多珍惜這些時光。當爸爸聽見得六分的歡呼，當弟弟想要打破自己的紀錄、挫折地眉頭緊鎖，我默默想像要是能說些笑話、有辦法陪他們一起罵髒話就好了。在那些少之又少的寶貴時刻裡，我一點也不覺得自己是個旁觀者。

希望爸爸快來。

三十三、三十四、三十五……

今天我的身體好重，固定我的束帶隔著衣服陷入我的皮膚。右邊臀部好痛。希望有人可以扶我躺下解除這份痛楚。連續幾個小時坐著不動沒有各位想像的那樣舒服。大家應該看過卡通裡的角色摔下懸崖、著地、啪嚓碎裂吧？就是那種感覺——我覺得自己碎成了千萬片，每一個碎片都痛得要命。作用在不合適肉體上的重力令人疼痛萬分。

五十七、五十八、五十九。一分鐘。

還剩四個小時又五十九分。

一、二、三、四、五……

無論我如何努力，心思總是不斷回到疼痛的屁股上。我想到支離破碎的卡通人物。有時候我會希望自己能跟他一樣落到地上化為碎片。說不定如此一來，我便能跟他一樣跳起來，奇蹟似地拼回原樣，拔腿奔跑。

深淵

我在十二歲以前只是個普通的小男生——可能比其他人害羞一些，也不喜歡跟人打鬧，不過還算得上快樂又健康。我最喜歡研究電路，擁有這方面的天分，因此十一歲那年，媽媽讓我修理插座，因為我已經玩了好幾年的電路板了。我憑藉這份才能幫爸媽的舊電腦裝設重開機按鈕，在房間門上設置警鈴，不讓弟妹（大衛和金姆）闖入。他們總想要侵略我那座塞滿樂高積木的王國，不過除了爸媽以外，唯一獲准入境的生物只有我們家的小黃狗波奇，無論我走到哪裡，牠就跟到哪裡。

過去幾年來，在數不盡的面談和看診期間，我總是豎起耳朵聽得清清楚楚，得知在一九八八年的一月某日，我放學回家，抱怨喉嚨痛，從此再也沒有回學校上課。那天之後的幾個禮拜、幾個月，我停止進食，每天狂睡，抱怨走路時有多痛苦。被我放棄的肉體越來越虛弱，思維也是：先是忘記發生不久的事情，再來是替盆栽澆水這種例行公事，最後連親友的臉龐也記不得了。

爸媽努力幫我記住，讓我帶著家人的相片四處走，媽媽瓊安每天在爸爸羅尼上班後播放他的錄影給我看。他們希望重複不斷的刺激可以阻止記憶流失，可惜一點用也沒有。我慢慢忘記我是誰、這裡是哪裡，語言能力漸漸退化。發病後大概過了一年，我躺在醫院病床上，最後一次開口說話。

「何時回家？」我問媽媽。

我的肌肉流失，四肢痙攣，手掌腳掌像爪子一般往內曲起。我的體重直落，為了不讓我餓死，爸媽得要叫醒我餵我吃東西。爸爸抱我坐直，媽媽用湯匙將食物塞進我嘴裡，我則是反射性地吞下。除此之外我無法動彈，我對外界沒有任何反應。我陷入某種清醒的昏迷狀態，因為醫生無法診斷出背後原因。

起先醫生以為我的問題出在精神方面，於是我在精神科病房住了好幾個禮拜。等到精神科醫師無法說服我飲食，他們終於接受我的病因存在於身體，而非心理，那時我已經嚴重脫水，需要急救。經歷了腦部掃描以及腦電圖檢測、核磁共振掃描、血液檢驗，我接受肺結核、隱球菌腦膜炎的治療，最後還是得不出結論。他們試了一種又一種藥物——氯化鎂、鉀、兩性黴素、安必西林——全都毫無效用。我已經跨出醫學掌控的國度，迷失在惡龍盤據的陌生土地上，沒有人能救我。

爸媽只能眼睜睜看我日漸遠去：他們試著要我繼續走路，可是我的腿越來越衰弱，得讓人扶著；他們帶我看遍南非的醫院，檢驗接連不斷，卻什麼都查不出來；他們寫信給美國、加拿大、英國的專家懇求，得到的回應是他們在南非的同行已經盡了人事。

醫生大概花了一年才坦承他們已經無計可施。只能說我罹患了某種退化性神經疾病，原因和療法不明，建議爸媽送我進療養機構，任由病情自然發展。那些醫藥專家禮貌而強硬地脫手，那些話的言外之意是要我爸媽等到死亡讓我們解脫。

於是他們帶我回家，媽媽辭去放射線技師的工作專職照顧我。身為機械工程師的爸爸工作到好晚好晚，通常沒辦法在大衛和金姆上床睡覺前回家。他們撐不了太久。我在家待了大約一年，等到我十四歲，他們判定我白天應該要待在現在這間療養院，每天晚上再接回家。

我在伸手不見五指的黑暗世界裡度過數年。爸媽甚至在起居室地上鋪了床墊，這樣一來他們跟金姆、大衛就能學我躺在地上睡覺，希望可以更靠近我一些。但我就像個空殼子，對周遭一切無知無覺。然後有一天，我開始返回人世。

最後一張「正常的」全家福，攝於一九八七年

浮起來換氣

我是一隻在海底爬行的海中生物。這裡好暗。好冷。除了頭頂上、腳底下、四面八方的黑暗，什麼都沒有。

可是，這時我看見上方閃閃發亮的一縷縷光束。我不知道那是什麼。

一道聲音叫我一定要摸到它們，驅使我往上浮起，朝著在上方遠處水面飛掠的光束踢水前進。光束飛舞交織成金色與陰影的圖案。

＊

我的視線有了焦點。我正盯著一片壁腳板，深信它看起來跟平常的模樣不同，卻又不知道我為什麼會知道。

＊

一陣低語掃過我的臉——是風。

＊

我聞到陽光的味道。

＊

音樂聲，高亢又清脆。小孩子的歌聲。他們的聲音若隱若現，一會兒響亮，一會兒低沉，最後陷入沉默。

＊

一塊地毯溜入我的視野。一團黑色、白色、棕色的漩渦。我盯著它看，努力對焦，黑暗卻再度找上我。

＊

冷颼颼的毛巾貼在我臉上，一隻手穩住我的頸子，我的臉頰燃起不悅的溫度。

「再一秒就好。」一道聲音說：「我們得要確定你身上乾乾淨淨的，對吧？」

＊

一縷縷光束越來越明亮。我離水面更近了。我想突破水面，可是我做不到。所有的東西動得太快，而我無法動彈。

＊

我聞到味道：大便。

我拖著眼球往上轉。感覺好沉重。

一個小女孩站在我面前，她的腰部以下一絲不掛，雙手沾滿棕色的東西。她想去開門，格格輕笑。

「瑪莉小姐，妳要去哪裡？」一道聲音提出疑問，一雙腿出現在我視野邊緣。

我聽見門被人關上，接著是作嘔的咕噥聲。

「瑪莉，妳又來了！」那道聲音大吼：「看著我的手！」

小女孩哈哈大笑。她的愉悅有如陣陣清風，在荒涼海灘上的平滑沙地劃出波紋。我感覺得到她的笑聲在我體內顫動。

＊

聲音。有人在說話。兩個詞：十六歲跟死亡。我不知道那是什麼意思。

＊

晚上。我躺在床上。我在不完全的黑暗中張望。一排泰迪熊擱在我身旁，我腳邊有個東西。波奇。

可是當熟悉的重量消失，我感覺到自己正在浮起。我心裡好亂。這裡不是大海。這裡是現實生活。但我依然覺得像在漂浮，離開肉體，朝臥室天花板靠近。

突然間，我知道我不是孤單一人。讓人安心的形體正包覆在我周圍，要我安心，要我跟上他們。我知道現在我沒有理由留下來。我已經厭倦使勁浮上水面了。我想鬆手，把自己交付給深沉的海底，或是陪伴在我身旁的形體——就看是哪邊先把我帶走。

然而一道意念填滿我心頭：我不能捨下家人。

他們為我傷心。每當我突破海面浪花，他們的悲痛就像屍袋一般包裹我。要是我離開了，他們就沒有東西可以攀附了。我不能走。

呼吸湧入我的肺葉。我睜開眼睛。我又是孤單一人。無論剛才陪著我的是什麼，他們都離開了。

天使。

我決定留下來。

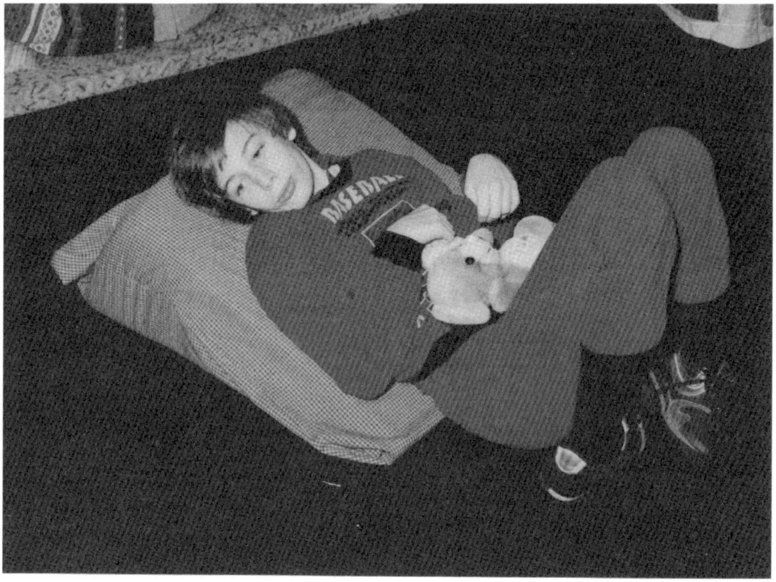

箱子

儘管已經察覺到了，我還是無法完全理解發生在自己身上的事情。正如剛生下來的寶寶不知道自己沒辦法控制手腳或是言語一般，我沒有在想我能做什麼或是不能做什麼。思緒衝過我的腦海，而我從沒想過要說話，也沒發現周圍這副抽搐或是毫無動靜的身軀就是我自己。我花了點時間才搞清楚在這片人海中，我無比孤單。

等到我的知覺和記憶慢慢混在一塊，意念漸漸與身體重新連線，我理解到我有多麼不同。爸爸看電視播映的體操表演，我躺在沙發上，那些輕鬆移動的軀體，在每一個扭轉間展現的力道全都令我驚豔不已。接著，我垂眼看著常常看見的一雙腳，意識到它們屬於我。那雙無論何時都在失控打顫的雙手也是。它們都是我的一部分，我卻完全無法控制它們。

我沒有癱瘓：身體會動，只是不受我的意志管轄。我的四肢不斷抽搐，感覺好遙遠，彷彿被水泥包住，沒辦法控制。大家總要我多使用雙腿——物理治療師將關節扭成痛苦的角度，努力不讓肌肉無力——可是我沒辦法動彈。

若是要我走路，我只能在別人的攙扶下拖著腳步前進，不然就會癱倒在地。如果我想自己吃東西，只會把食物抹得滿臉都是。要是跌倒了，我無法反射性地伸手自保，摔個狗吃屎。躺在床上時，除非有人幫忙翻動，我沒辦法自己翻身，得要以同樣的姿勢躺上幾個小時。我的四肢不想展開、放鬆；它們往內蜷縮，活像是鑽進殼裡的蝸牛。

如同攝影師調整鏡頭直到畫面變清晰一般，我花了點時間才讓思緒定焦。雖說肉體跟我陷入了永無止境的搏鬥，當意識的碎片重新編織在一塊，我的意念越來越強大。

我漸漸意識到每一天、每一個小時的存在。大部分的時刻都不值得記憶，但我也看見了歷史開花結果的瞬間。一九九四年，曼德拉宣誓成為總統——這有點模糊。戴安娜一九九七年過世的消息則是清清楚楚。

我想我的意念是在十六歲左右開始甦醒，到了十六歲那年，它恢復完整：我知道我是誰、這裡是哪裡，也能理解我的人生被奪走了。如果說我剛醒來時以為自己睡在冰屋裡，那麼我很快就發現其實我是被埋在冰河下。完完全全埋入深處。

那是六年前的事情。起先我想抵抗命運，做一些細微的記號，引導旁人找到我，就像是糖果屋故事裡那對兄妹靠著麵包屑找路走出黑暗森林。但我慢慢瞭解到再怎麼做都不夠：雖然我回到人世間，沒有人完全知曉發生了什麼事。

我慢慢重獲頸子的控制權，開始朝下朝右抽動腦袋，偶爾抬起頭或是微笑，大家卻搞不懂我的新動作有什麼意義。他們不相信奇蹟會二度上門：我已經活過醫生預告的死期，沒有人想到還能再次遇上神蹟。我開始用是、否來「回答」簡單問題時，他們以為這只是最基本的進步。沒有人想到我的回應或許意味著我的智能沒有受損。從很久以前醫生就告訴他們我的腦部嚴重損壞，因此當這個年輕人挺著僵硬的四肢、眼神空洞、口水流了滿下巴，他們只看見表象。

因此，我受到照顧——餵食、灌水、擦拭、清洗——卻從未真正有人注意到我。我一再要求不受控制的四肢比個手勢，讓其他人發現我還在這裡，然而它們總是不肯就範。

我坐在床上，爸爸幫我脫衣服，我的心臟狂跳。我希望他知道、理解我已經回到他身邊。他一定要看到我！

我盯著自己的一隻手，命令它動一動。所有的心力都濃縮到這個動作上頭。我盯著手臂——祈禱、哄騙、告誡、哀求。我感覺到它回應了我的懇求，心臟漏了一拍。我的手臂高高舉在頭上揮舞。花了那麼長的時間努力展現些許徵象，我終於回到現實世界了。

可是我看著爸爸，他臉上沒有驚嚇也沒有訝異。他只是繼續幫我脫鞋。

爸！我在這裡！你沒看見嗎？

爸爸還是沒有注意到我。他繼續幫我脫衣服，我的視線不情願地滑向手臂，這才發現它根本沒動。無論我的願望有多強大，它唯一的成就是手肘附近一條肌肉的抽動。這個動作太小了，我知道爸爸絕對不會發現。

怒氣填滿我全身，我要爆炸了。我開口喘氣。

「孩子，你還好吧？」爸爸聽見我粗啞的呼吸聲，抬頭詢問。

我什麼都做不到，只能直視著他，期盼我沉默的渴求能夠傳達出去。

「扶你上床睡覺吧？」

睡衣從我頭頂罩下，我被扶著躺平。憤怒啃咬我的內臟。我知道得要關閉這份情緒，不然會痛得太過頭。若是不讓虛無吞噬，我就要瘋了。

有時候我試著呻吟，希望如果有什麼聲音從我胸中逸出，會有人納悶那是什麼意思，可是我就是發不出半點聲音。在之後幾年內，我偶爾會嘗試說話，卻永遠脫離不了沉默。我沒辦法拿筆寫下留言或是開口求助。我被放逐到孤島上，希冀在我體內挖出溝渠，獲救的夢想煙消雲散。

恐懼率先降臨，接著是苦澀的失望，我只能指望自己撐下去。像是縮回殼裡的烏龜一樣，我學會用幻想逃避現實。我活過一天又一天，最後不再努力回答或反應，只是表情茫然地盯著這個世界。我知道這輩子都得如此無力地度過。

在其他人眼中我跟盆栽沒什麼兩樣：只要澆水、擱在角落就行了。大家都太習慣我不存在，以至於沒注意到我又出現了。

畢竟我被封在箱子裡太久太久。我們都是如此。你是不是難搞的小孩？情緒化的情人？愛吵架的手足？或者是飽受折磨的另一半？這些箱子讓我們更好理解，但是也囚禁住我們，因為人們無法看透它們。

即便真相遠遠超越我們自以為的表象，我們對彼此都懷抱著既定印象。這就是為什麼我進步到可以用轉頭或微笑回答「想喝茶嗎？」這類簡單問題的時候，還是沒有人要問我的意見。

對大部分見到我的人來說，我只是一份工作。在療養院員工眼中，過了這麼多年我只是個不惹眼的熟悉擺設；在爸媽遠行時幫忙照顧我的其他單位人員眼中，我只是個短期病患；在幫我看診的醫生眼中，我「沒有多少指望了」，當我像隻海星躺在X光檢驗床上的時候，某個人確實是這麼說的。

除了我，我爸媽都有全職工作，還有另外兩個小孩要照顧，不過從幫我換尿布到剪腳趾甲，他們全都一手包辦。處理我的生理需求耗費許多時間與精力，難怪爸媽沒空靜下來思考我是不是挑戰了醫學的極限，在奇蹟的加持下大幅恢復。

因此，我一直留在許久以前旁人替我封裝的箱子裡。這個箱子上只印著一個詞：智障。

爸爸（羅尼）跟馬丁坐在家中沙發上

維娜

維娜幫我按摩手臂，她對付我僵硬的肌肉，雙手動作毫不間斷，柑橘精油的氣味刺鼻而甜美。我盯著她，她抬頭對我微笑，我又一次納悶為什麼沒在希望首次降臨時就注意到它的存在。

起先我只知道維娜笑起來不會露出牙齒，還有她翹腳坐在椅子上的時候會緊張抖腳。她以舒緩照護者的身分來到我的療養院，我很快就注意到這些細節，因為如果別人不跟你說話，你也只能盯著他們瞧。可是維娜一對我開口，我就意識到我絕對不會忘記她。大部分的人對著我說話、在我身旁說話、隔著我說話、談論我的事情，一旦哪個人沒把我當成巨型根莖蔬菜看待，我一定會牢牢記住他。

某天下午，維娜跟我說她肚子痛。多年以來我已經聽過身旁的人坦然說出各種私事，他們以為我的神智不在這裡，口無遮攔。我只是不知道某些照護員的健康問題其實不值得一提：某人的丈夫得了阿茲海默症，另一個人腎臟有毛病，某個女性的陰道腫瘤害她幾乎生育無望。

可是輪到維娜跟我說話的時候感覺完全不同。她不像其他人，不是在說給自己聽、說給別人聽，甚至是說給空蕩蕩的房間聽。她是在對我說話，如同與年齡相仿的友人閒聊，分享宛如陽光中的塵埃一般飄過她心頭的思緒。每一個二十幾歲的年輕人都有過這樣的聊天經驗，但我從沒體驗過。不久，維娜開始向我透露一切，從她祖母的病情讓她多傷心，到她剛養的小狗，還有她滿心期盼的新對象。我幾乎覺得自己正在結交第一個朋友。

這就是我開始直視維娜的原因。我不常這麼做，想抬頭的時候腦袋往往像是一塊空心磚，而且我極少與旁人平視，因為我總是坐在椅子上或是躺著。實在是太費勁了，我早就放棄跟那些對我視而不見的人四目相接。每天我坐上好幾個小時，茫然盯著半空中。不過這些都變了——維娜開始幫我跟幾個病友芳療按摩，舒緩我們扭曲的肢體。躺在床上，讓她揉捏我疼痛的肌肉，聽她對我說話，我可以用眼神追隨她，一點一點地從我遁入的硬殼裡往外窺看。

維娜直直看著我，已經很久沒有人這麼做過了。她看出我的雙眼真的是靈魂之窗，越來越相信我理解她說出的一切。但她要如何說服其他人，這個毫無反應的幽靈男孩不光是一個空殼呢？

月分累積成一年，然後是兩年。大概在六個月前，維娜看到電視節目上說某個中風後沒辦法說話的婦人經過協助，終於有辦法與外界溝通。之後，她馬上趁著附近一間醫療機構對外開放的日子，跑去聽專家說明有什麼辦法能夠幫助不能說話的人，接著興奮地回來告訴我她得到的資訊。

「他們用開關跟電子設備幫助人們溝通。」她說：「馬丁，你覺得你辦得到嗎？我相信你可以的。」

其他療養院的工作人員也去那間機構拜訪過，但他們不像維娜那麼有信心，認為我是合適的受試者。

「妳真的認為他的魂還在？」聽到她說出她抱持的希望，其中一個人這麼問。

那名女性朝我彎下腰咧嘴笑，投下大片陰影。我努力微笑，想讓她知道我能理解她的話。可是我僅存的兩個動作——腦袋往右下抽動和微笑——被解讀為心智不全者的膝反射，任何一個六歲小嬰兒都做得到，所以她沒有多加留意。

照護員看著我，嘆了口氣，收起笑容。不知道她有沒有發現最近喝的咖啡讓她口氣酸澀。

「還有比這還扯的事情嗎？」後來，等到維娜離開，她對朋友說：「他們根本沒辦法溝通。」

兩名女性環視房間。

「說不定葛帝可以？」她們看著旁邊正在玩玩具車的小男孩，「他比某些人還有希望，對吧？」

她們沉默一會兒，視線最後落到我身上，看我坐在輪椅上什麼都沒說。她們不需要開口，我知道在這個進駐條件設在智商三十以下的地方，我被歸在最沒有行為能力的病患裡頭。

儘管遭受種種質疑，維娜毫不動搖。她心中已經燃起了堅信不移的火焰。向旁人一遍又一遍解釋她認為我能夠理解話語之後，她找我爸媽詳談，他們終於同意讓我接受測驗。在明天他們要帶我去的地方，或許我終能獲得打開監牢門扉的鑰匙。

「你會盡力表現，對吧？」維娜看著我說。

我能看出她的擔憂。疑慮閃過她的臉龐，宛如晴天時高速飄過地平線的雲朵。我對上她的目光，好希望可以告訴她我會運用每一根肌肉纖維，把我作夢也想不到的機會發揮到極致。我第一次接受像這樣的評估，我要使出渾身解數，傳達出一些細微的訊號，證明我值得受到旁人關注。

「馬丁，你一定要盡力。」維娜說：「讓他們見識一下你的能耐，這很重要，因為我知道你做得到。」

我看著她。她的眼角閃動銀色淚光。她對我的信心是如此強大，我一定要回報她。

覺醒

兩扇玻璃門唰地在我面前滑開。我以前沒有看過這樣的門。這個世界又讓我吃了一驚。有時我能看見世界從車窗外掠過，但除此之外，我與世界毫無瓜葛。在瞬時間瞥見的世界總令我興致勃勃。有一次看到醫生扣在皮帶上的手機，我花了好幾天思考：那比爸爸的手機小好多，我忍不住納悶裡頭究竟裝設了什麼樣的電池。我希望能夠理解的事情好多好多。

爸爸推著我的輪椅走進普勒托利亞大學增擴與替代溝通管道研究中心。當時是二〇〇一年的七月——距離我發病已經過了十三年半了。我看見學生在外頭陽光燦爛的人行道上走來走去，藍花楹高高聳立，屋內卻是一片寂靜。海綠色的地毯鋪滿整條走廊；牆面掛滿告示海報。我們是一支小小的探險隊，踏入未知的世界：爸媽、我弟弟大衛，還有維娜，再加上認識我多年的照護員瑪莉葉塔跟物理治療師艾利茲。

「皮斯托留斯先生跟皮斯托留斯太太嗎？」一道聲音如此詢問，我抬眼看到一名女性。「我的名字是夏奇拉，今天負責評估馬丁的狀況。目前正在準備，不會讓各位等太久。」

恐懼令我渾身發涼。我們靜靜等待，我沒辦法直視周遭眾人的臉龐；我不想看見他們眼中的懷疑或是希望。不久，中心人員領著我們進入小房間，夏奇拉跟另一個名叫雅斯敏的女性在裡頭等著。我垂下腦袋，聽她們跟我爸媽談話。嘴巴內側好痠。稍早他們為我吃午餐的時候，我不小心咬到自己，雖然已經止血，嘴巴還是會痛。

夏奇拉向爸媽問起我的病史，我真想知道他們現在他們到底有什麼想法。他們跟我一樣害怕嗎？

「馬丁？」我聽見有人呼喚我，輪椅被推著橫越房間。

我們停在一大片金屬臺座上的壓克力板正前方。紅線在螢幕上交錯縱橫，將畫面分割為一個個小方塊，其中幾格貼著黑白照片。這些線條描繪出簡單的圖形——球、出水的水龍頭、狗兒——夏奇拉站在螢幕另一側，凝視著我，而我則是看著那些圖案。

「馬丁，我要你看球的圖片。」夏奇拉說。

我稍稍抬頭，雙眼在螢幕上搜尋。我沒辦法好好控制腦袋左右轉動，眼睛是全身上下能夠完全掌握的器官。它們來回掃過圖片，直到我找到那顆球，視線固定在那裡，盯著它瞧。

「很好，馬丁，這樣很好。」夏奇拉看著我柔聲說。

我突然好害怕。我看的是對的圖案嗎？我的眼睛真的對上那顆球了嗎？還是說其實我看著的是其他圖案？我沒辦法確定。

「現在我要你看著狗兒。」夏奇拉說，我又開始尋找。

我的雙眼緩緩移過圖片，不想弄錯或是漏掉任何東西。我慢慢尋找，最後在左側找到那張狗兒的卡通圖，緊緊盯著它。

「接著是電視。」她說。

我很快就找到電視的圖片，儘管我想一直盯著，讓夏奇拉知道我找到她要求的目標，我的下巴卻直往胸口垂落。心裡想著我是不是沒有通過測驗，我努力忍住驚慌。

「來試試別的吧？」夏奇拉問道，我的輪椅被推往一張蓋滿卡片的桌子前。

每張卡片都寫了一個詞，還配上圖片。驚慌。我看不懂那些字。我不知道那是什麼意思。如果我失敗了，是不是就要回到療養院，在那裡坐上一輩子？胸中的心臟跳得發疼。

「馬丁，可以請你指出『媽媽』這個詞嗎？」另一名語言治療師雅斯敏發問。

我不知道「媽媽」長什麼樣子，但我還是盯著右手，想讓它移動，等待它出現動靜來顯示我聽得懂她的要求。我試著舉起膝上的右手，它猛烈顫抖。當我的手臂緩緩舉到半空中，接著往左右瘋狂抽動，房間裡陷入死寂。我恨我的手。

「我們再試一次吧？」夏奇拉說。

她們要求我認出字詞，指向答案，我的進展慢得要命。我對這副無用的身軀深感羞愧，同時也氣它為什麼不能在第一次有人提出要求的時候做得更好。

夏奇拉一會兒又走到一個大櫃子前，抽出小小的三角形轉盤。上頭印著更多圖案，中間是一個巨大的紅色箭頭。夏奇拉將轉盤放在我面前的桌上，用幾條電線連接到調整式台座邊緣的黃色板子。

「這是轉盤掃描板跟頭部操控式的開關。」雅斯敏解釋：「你可以用這個黃色開關來控制掃描板上移動的箭頭，等它指到你要的圖案，就讓它停下來。馬丁，你懂嗎？你看得見掃描板上的圖案嗎？」

「我們要你辨識某個圖案的時候，要是箭頭抵達那個符號，希望你可以用頭壓住按鈕。你覺得你做得到嗎？」

我看著那些圖案：一個是從水龍頭裡流出來的水，另一個是一盤餅乾，第三個是一杯茶。總共有八個圖案。

「箭頭指到水龍頭的時候，請你停止箭頭。」雅斯敏說。

紅色箭頭開始繞著轉盤移動，它走得好慢好慢，我有點納悶它能不能走到水龍頭的圖案。箭頭拖著腳步，緩緩繞行，我盯著它看，等到它接近水龍頭，我朝開關抽動腦袋。箭頭停在轉盤上的正確位置。

「馬丁，很好。」一道聲音這麼說。

驚喜填滿我全身。過去，我從來沒有控制過任何事物。我從沒讓任何東西照我的心意移動。我幻想過一次又一次，總是沒辦法將叉子舉到嘴邊、拿杯子喝水，或是轉台。我沒辦法穿鞋、踢球、騎腳踏車。止住轉盤上的箭頭帶給我莫大的勝利感。

在接下來的一個小時內，雅斯敏跟夏奇拉設置了不同的開關給我使用，試著找出我身上有哪個部位是我可以控制，能夠好好操作那些開關。我的腦袋、膝蓋、叛逆的四肢輪流移到開關旁邊，要我努力觸碰。首先是桌面側邊的三角形黑色盒子，上頭有個白色長形拉桿，名稱是搖擺開關。我舉起右手臂，往下抽動，希望能碰上那個開關，發現比起我自己的判斷，成功觸動機關的運氣成分比較大。接著是一顆形狀與大小和碟子差不多的巨大黃色按鈕，我把難以駕馭的右手甩了過去，因為左手幾乎無法動彈。雅斯敏跟夏奇拉反覆要求我用這些開關來辨識簡單的圖案：刀子、浴缸、三明治——這是最簡單的圖組，連智商最低的受試者也能看懂。有時候我會努力驅動右手，但我更常做的事情是緊盯著她們要我挑出來的圖案。

測驗好像永遠不會結束，夏奇拉終於轉向我。我正盯著一個黃色大漩渦的圖案。

「你喜歡麥當勞嗎？」她問。

我不知道她在說什麼。我沒辦法轉頭或是微笑表達是或否，因為我無法理解這個問題。

「你喜歡漢堡嗎？」

我對夏奇拉微笑，讓她知道我喜歡。她站起來，回到那個大櫃子前，抽出一個黑色盒子。一片塑膠外框將盒頂切成數個小方塊，我看見每個方塊裡都有一個圖案。

「這個幫助溝通的裝置叫做金剛鸚鵡。」夏奇拉柔聲對我說：「如果你學得會使用開關，或許未來有辦法用這種工具。」

我盯著那個盒子，夏奇拉打開電源，一個小小的紅點慢慢地輪流閃過每一個方塊角落。方塊裡印的不是卡片上的黑白圖案。它們全都色彩鮮豔，旁邊還有字。我看見一杯茶跟太陽的圖案。我望向夏奇拉，看接下來會發生什麼事。她按下開關，選出其中一個圖案。

「我累了。」事先錄製的語音突然響起。

聲音是從盒子裡面來的。是女人的聲音。我凝視金剛鸚鵡。這個黑色小盒子可以給我聲音嗎？我幾乎不敢相信有人認為我能用這個東西。他們發現我會做的不只是指出卡片上用黑色粗線條畫出的玩具球？

「我相信你聽得懂我們說的話。」夏奇拉坐在我面前，「從你雙眼活動的軌跡，看得出你有辦法辨識我們要你找的圖案，同時試著用手指出來。馬丁，我相信我們有辦法找個方法幫你溝通。」

我盯著地板，今天已經沒辦法再移動分毫了。

「你不想跟別人說你累了或是渴了？」夏奇拉柔聲說：「你不想說比起紅色，你更喜歡藍色毛衣？或者是你想睡了？」

我不太確定。過去我從沒跟任何人說過我想要什麼。如果我有選擇權，我有辦法選出自己想要的東西嗎？我有辦法在吸管湊到我嘴邊的時候，跟別人說把我的茶放涼一點，而不是匆忙喝下，因為我知道接下來的幾個小時內，我只有這個機會能喝東西？我知道大部分的人每天都會做出數千個決定：要吃什麼、要穿什麼、要去哪裡、要見誰，但我不確定我有辦法做出半個決定。感覺就像是要一個在沙漠裡長大的小孩跳進海裡那樣。

我的雙親

儘管爸爸對我的信念消磨到了臨界點，我認為它還沒有完全消失。許多年前，爸爸遇到一個痊癒的小兒痲痺症病患，信念從當時便深深紮根。那人花了十年好起來，可是他的經驗讓我爸爸相信一切都有可能。爸爸每天透過一連串的小動作來證實他對我的信心：幫我梳洗、餵我吃東西、替我穿衣服、扶我起來、半夜每兩個小時醒來一次翻動我僵硬的身軀。他是個熊一般的壯漢，留著聖誕老公公式的大把灰鬍鬚，那雙手卻總是溫柔無比。

我花了一段時間才察覺爸爸幾乎關照了我所有的生理需求，媽媽卻極少接近我。在我身邊，對於種種事物的憤怒與憎恨不斷從她身上湧出。時光流逝，我發現我家分成兩邊——爸爸跟我在一邊；媽媽、大衛、金姆在另一邊——我的疾病在這一家人心中鑿出深深裂痕，而我的直覺告訴我，他們曾經是多麼幸福快樂。

只要聽見爸媽吵架，罪惡感就會填滿我全身，因為我知道大家都是為了我而受苦。我是一切負面情緒的源頭，爸媽一次又一次地爭論同樣的話題：媽媽想照著醫生的建議送我去全天候的療養院；爸爸不願意。她相信我的狀況永遠無法改善，我需要大量的特殊照顧，要是把我留在家裡，會傷害到大衛跟金姆。爸爸則是依舊希望我有機會好轉，相信假如我被送進那種療養院，奇蹟永遠不會發生。多年以來，這種基本理念的差異不斷迴盪，有時候化為嘶吼和尖叫，有時候是滿載的沉默。

我曾經無法理解為什麼媽媽跟爸爸的想法如此不合，最後終於拼湊起足夠的事實，發現她幾乎被我的病擊垮，她只想保護大衛跟金姆，不希望他們遭逢同樣的命運。她已經失去了一個孩子，不能再讓一對健康的兒女受到任何傷害。

其實一開始不是這樣的，在我發病的頭兩年，媽媽跟爸爸一樣不厭其煩地尋找療法，挽救這個每天都從他們手中消逝些許的兒子。我無法想像爸媽有多痛苦，眼睜睜看著原本健康的孩子慢慢消失，四處哀求醫生，看我接受治療，同意在我身上做各種測試，從腦結合到各種遺傳性疾病，最後只換得我已經無藥可醫的答案。

傳統醫療沒有解答，媽媽並沒有放棄。在醫生告訴爸媽他們不知道要如何治療我之後，她在家照顧我整整一年，試了各種療法，像是找信仰治療師替我祈禱，或是攝取高單位維他命，希望能幫幫我。全都沒用。

媽媽受到越來越強烈的罪惡感折騰，因為她沒辦法救我。她相信自己辜負了親生兒子，越來越絕望，而她的朋友跟親人也袖手旁觀——有人覺得我毫無來由的怪病很恐怖，有人不確定要怎麼安慰這對面臨父母心目中最可怕夢魘的夫婦。無論有什麼理由，人們與爸媽保持距離，把健康的孩子抱在身邊，默默慶幸。我的家人越來越孤單。

媽媽的負面思維很快就累積到無法控制的地步，大概在我發病後的第二年，某天晚上她試圖自殺，吞了好幾把藥丸躺下來等死。就在這個時候，她想起她母親曾提過她父親因心臟病猝死：他沒有機會道別。即使身陷絕望的迷霧，媽媽還是想跟爸爸最後一次說她有多愛我們，這個想法救了她。爸爸發現她做了什麼事，他開車載著她、大衛、金姆、我，還有那天晚上來我們家過夜的大衛的朋友去醫院。

醫生替媽媽洗胃，不過在那天晚上之後，弟弟的朋友再也不來我們家過夜了，爸媽的孤單開始傳染給我的弟妹。媽媽在精神科病房治療期間，他們也是受盡折磨。媽媽要回家前，她的醫生判定她不能繼續照顧我了。根據他們的說話，她很傷心自己失去了這個孩子，應該要盡量別跟我接觸，好避免干擾她的情緒。她又病、又傷心、又絕望，如實接受醫生的吩咐，專心照顧兩個健康的孩子，等到她好多了，她又繼續她的全職工作。爸爸則是放棄工時漫長的工作，幾乎單靠他一個人照顧我。

我們就這樣過了好幾年，不過情況漸漸好轉，媽媽的態度軟化，願意多付出一些心力看顧我。現在她分擔了爸爸一半的工作，幫我做義大利麵跟桃子泥甜點，她知道我喜歡吃這些。有時候，我躺在沙發上，她會把我的頭放上她的大腿。經過那麼久的退避，知道她可以觸碰我，我覺得好開心；可是，半夜聽見她放音樂，我有些傷心，因為我知道她聽著那些歌詞緬懷過去，心中充滿傷悲。

想到爸爸，我也是滿心傷感，他埋葬了自己的野心，失去升遷的機會，自願降級，就是為了照顧我。家裡的每一個人——爸媽、弟妹——都為我的病付出昂貴的代價。雖然我不是很確定，但我有時候會想，是不是失去了這麼多希望與夢想，像我爸爸這樣聰明的人才學會深埋自己的情緒，而且不知道還能不能找回來。

改變

他們說這叫蝴蝶效應：一對輕飄飄的翅膀微微擺動，就能引起重大的改變。我想在我的人生中有一隻蝴蝶正在鼓翅。我接受評估後，外表看起來幾乎沒變：每天早上還是要去療養院，等到下午結束，我感激地嘆息，終於可以回家吃飯、洗澡、準備睡覺。不過單調是熟悉的敵人，就連最細微的改變都清晰可見。

某個專家說我很快就有辦法與外界溝通，但是在日間療養院見到的工作人員，還有特約的物理治療師跟醫院的醫生似乎沒多放在心上。想到見識過的一些事情，我有些驚訝某些人竟然不太當一回事。不過，在語言治療師評估之後，我清楚感覺到爸媽對我說話的方式變了。當媽媽問我飽了沒，她會多等一會兒，看我的腦袋往下抽動或是微笑。晚上刷牙的時候，爸爸跟我說的話越來越多。這些改變都很小很小，說不定連爸媽也沒有注意到，可是我察覺到多年以來家裡第一次洋溢著希望。

治療師說得很清楚，如果我開始清楚溝通，那也得從最基礎的對話開始。這不是好萊塢電影，不會馬上轉到大團圓結局，也沒有去一趟天主教聖地露德就奇蹟治好啞病的好事。語言治療師的報告中建議爸媽開始用最簡單的方式跟我溝通。顯然我腦袋的抽動和微笑不如我想像的那樣可靠，我得要學會更穩定的招式來表達是與否。我的手太失控了，沒辦法好好指出答案，現在我最好先從盯著那些圖案來「說話」。

選用圖案的原因是我不會讀也不會寫。在我回到人間後，字母對我而言毫無意義。從現在起，圖案將會掌握我的人生：等到我學會它們的語言，未來我的生活呼吸都脫離不了它們。她們請爸媽製作一本資料夾，以文字搭配對應的圖案。「哈囉」是一個揮手的火柴人，「喜歡」是火柴人的大臉咧嘴而笑，「謝謝」是一顆雞蛋頭的嘴巴下平貼著兩隻手。

爸媽做完所有的頁面，裡面有我的名字、我住的地方，我想要穿上毛衣，或者是到了太陽下就脫掉。他們可以把紙張放進我的資料夾，這樣一來，跟我說話的人就能緩緩翻頁，我會格外用力盯著我想選的圖片。治療師建議他們將幾張紙貼在我的餐墊上，如果我想讓爸媽知道我的飯菜太燙、太涼、太淡，我只要盯著其中一張薄薄的A4紙就好。

當然了，沒有人知道我究竟理解多少，因為他們從沒想過要陪我做這種事情。在評估過程中，我讓他們知道我可以聽從簡單的指令——可是小娃娃也做得到。因此我得要一小步一小步前進，希望教導我的人很快就能發現我的能耐不只如此。

這要花費不少時間，但至少我有辦法告訴其他人我懂得很多，超出他們的想像。小嬰兒每天吃肉泥菜泥也不會抱怨，可是再過不久，我就能請人遞鹽罐過來了。我生平第一次有辦法替我的食物調味。

開始與結束

生病後，我一直住在名叫「阿法與歐米茄」的療養院，意思是「開始與結束」。不過無論是開始還是結束，我在這裡都找不出多少記憶，因為我被困在由乏味日子構成的煉獄裡，消磨一天天時光。

療養院是一幢一層樓的建築，裡頭有兩間明亮通風的教室，一間小小的物理治療室，以及一片庭院。有時候他們會推我出去曬太陽，但我通常待在屋內，從椅子上移到地面的墊子上躺下。大多是側躺或是仰躺，偶爾趴在一大塊鋪了軟墊的架子上，照護員用掌心輕拍我的腦袋，鼓勵我抬頭。除此之外，我總是虛軟地躺著，凝視薄荷綠色的天花板，聽電視或廣播的清脆說話聲，那是療養歲月中持續不斷的背景音樂。我比較喜歡收音機開著的時候，因為努力看電視螢幕很費勁，我往往沒有那麼多力氣，只能盯著棕色地毯，聽腳步聲敲響房外走廊的油布毯。

他們用了教室這個詞，但我不太確定為什麼要這麼做，因為沒有人認為這裡哪個小孩還有辦法教。無論原因是什麼，我的病友跟我遇上幾位「老師」，被分成兩個

「班級」，分班標準常常變動。有時候我們被分為可以走路跟不能走路的兩組；有時候他們忙著分出不願跟外界溝通的孩子。某次甚至用智商來區分，不過呢，這裡每個病童智商都不到三十，我覺得這種分法的難度不亞於從中間剖開髮絲。

每天通常會有五六名工作人員照顧我們，幫我們伸展雙腿，或是在我們手上塗滿顏料，印到紙上。兩三個小孩子有辦法稍微投入一些，但大部分的人跟我差不多，對身體的控制能力不足以做任何事情。每次我坐在椅子上，雙手沾滿冰冷的紅色顏料，被人拉著摸過紙張，我常納悶到底有誰能從這些活動中得到好處：是我們還是我們的家長？照護員抓我們的手畫圖的時候，我們是被迫一起圓這個必要的謊言嗎？我曾看過許多家長收到圖畫，他們心知肚明自己的孩子沒有這個能耐，卻沒有多說什麼，只是盯著那些畫。

我只聽過一位母親問這到底是不是她兒子的作品，照護員默默笑了笑，彷彿是在求她不要打破建構在我們周圍的樂觀假象。我懂那些家長為什麼想攀附一縷希望，無論那有多麼脆弱，正如我了解某些孩子或許很喜歡這些活動，他們認為被人觸碰、聽人說話是單調日子裡的調劑，不過基本上我只希望他們別管我。

常有人在我努力聽廣播的時候冒出來笑著打岔。我當然知道他們沒有惡意，可是我是這裡最年長的病人，這些活動的目標族群是更小的孩子。似乎沒有人想到，就算是他們眼中的智能障礙者，說不定也會隨著年齡成長。

儘管如此，我從經驗得知阿法與歐米茄遠比許多同業還要優秀。這幾年來，我常聽旁人震驚地悄聲談論他們在其他地方見識到的光景。他們的反應是對的。我也親眼看過不少：爸爸出差期間，我曾被送去其他幾間療養院，因為媽媽沒有獨自照顧我的自信；有時候是全家人外出度假，他們需要暫時離開我，喘口氣。

他們把我留在那些地方的時候，我好怕他們再也不會接我回家，而我的焦慮一天天累積，恐懼將我牢牢控制。在我預計回家那天，我等著聽到爸媽熟悉的聲音，每分鐘都像一年一樣漫長。我最大的恐懼就是被人丟在那種地方，跟那裡的小孩子一起整天坐著，沒有半點互動或是刺激。那是最糟糕的行屍走肉。

因此我很感激這裡的工作人員，他們至少試著給我們的生活增添些許色彩。並不是每個人都適合在這種地方工作。多年以來，我已經數不清有多少照護員來來去去。很多人剛來不久就消失了，我已經能夠認出那種接近嫌惡的困惑表情，有些人甚至還沒意識到自己起了這種念頭。我懂。有人是被自己無法理解的事物嚇到。看到唐氏兒有如妖精的五官、腦性麻痺患者扭曲的四肢，或是腦部受損的嬰兒沒有焦點的視線，他們會渾身不自在。

有些人無法多看這裡的孩子一眼，對另外一群人來說，這份工作是他們的天職。

首先是麗娜，這間療養院的院長，她的圓臉笑得燦爛。她很早就教會我還有人關心我。

幾年前，麗娜還是個沒有多少地位的老師，她跟一個名叫莎莉的小女孩非常親近。莎莉天生罹患嚴重的腦性麻痺。麗娜好愛莎莉：餵她吃她喜歡的珍寶南瓜，將她緊緊抱在懷裡，放她聽了就笑的音樂。麗娜跟那個小女孩走得很近，事實上在莎莉六歲那年死於肺炎當晚，她也在醫院裡陪她。

莎莉過世後，麗娜眼中少了一些光彩，看見她對莎莉的深切思念，我領悟到像我這樣的孩子，在某些人眼中可能不只是一份工作。就是這個安慰的想法，我才能撐過那麼多年，抵擋那些幾乎把我當成即將下鍋的死雞看待的人們。人性的溫暖絲毫無法融化他們冰冷的職業外表。把你當成整袋馬鈴薯丟來丟去；拿冷水俐落地沖洗，每次都會把肥皂泡沫弄進你的眼睛，再怎麼用力閉眼睛也沒用；最後隨隨便便將太冷或是太燙的食物塞進你的嘴巴。他們不說話也不笑，就怕看到你回瞪著他們。

更糟的是這些所謂的照護員麻木無情的行徑會針對某些病患。我曾被那些自以為比我優秀的人稱為「路障」、「蠢蛋」、「垃圾」，但這個行為只是顯示了他們有多愚蠢。他們真的以為智能有限的孩子感受不到旁人觸碰中的惡意、聽不出他們語氣中的憤怒？有些事情我記得特別清楚，像是某個女人不耐地扯掉我午睡的毯子，冷空氣一擁而上；某個臨時工把我丟到椅子上，動作粗魯到椅子翻倒，我跌了個狗吃屎。

把這些經驗丟到一旁去。我有了結論：照顧我這種孩子的人裡頭，好人比壞人多，因為當我回顧那些歲月，眼底浮現的是一連串的笑臉。烏娜看起來總是在流汗，因為她的鼻子一直都亮晶晶的。還有海菈，焦躁的能量從她身上陣陣湧出，連舌頭都靜不下來，不斷緊張地猛舔嘴唇。現在這裡有瑪莉葉塔，她好喜歡電視劇《我們的日子》，在平靜的外表下藏著火爆脾氣；海倫會一邊搔我癢一邊格格輕笑，她的指甲中間有一條深棕色的線，我總是忍不住盯著看；還有我個人的最愛，朵拉——這位中年婦人矮矮胖胖的，笑容可掬，她的鎮定讓我安心，那雙水汪汪的棕色眼眸盈滿慈愛的柔光。

無論她們之間有多少差異，這些女性的共通點就是熱愛聊天八卦，她們好喜歡交換情報，同情其他人的煩惱。我聽過好幾次有蛇半夜溜進屋子裡，被勇敢的丈夫打死；漏水害家裡也下起雨，屋頂恐怕會崩落；只要放起某首歌，孫兒就會在床上瘋狂地蹦蹦跳跳。我還知道照顧羅患阿茲海默症的雙親有多少困難、關心生病親戚的難處、要花多少功夫才能從態度消極的前夫手中拿到贍養費。

不管她們還聊過什麼，我已經知道女性會不斷回到哪三個話題上頭：往往讓人失望的丈夫、通常都很美好的孩子、總是過高的體重。我一次又一次聽她們互舔傷口，抱怨讓男人更有責任感、減肥更有效果簡直難如登天。我不太懂她們跟另一半有什麼問題，不過只要聽到她們計算熱量，我的心就猛然一沉。女性似乎認為她們減肥是為了變得更快樂，但我從經驗得知這都是假的。我敢說女性吃得越少，她們就越暴躁。

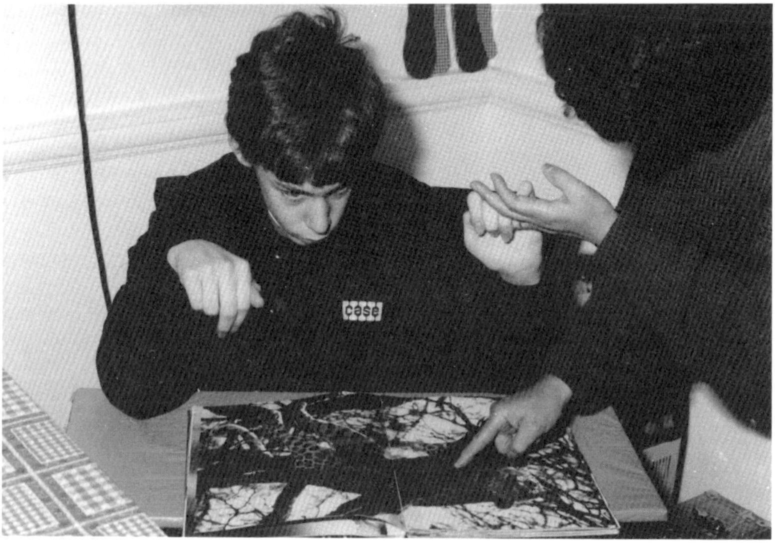

在療養院的教室裡

日復一日

爸媽討論起怎樣的做法對我最好，我的人生終於有了轉機。他們對我的期盼遠遠超越了紙上的符號，現在我知道他們要幫我買一套電子溝通裝置，就是評估時我們看到的那個黑盒子。這是很大的賭注，我要感謝他們做出這個決定。他們依然不確定我有沒有辦法使用這樣的器材，但還是想要試試，因為評估結果帶來的希望火星已經在他們心中燃起烈火。

我們一起探索名為增擴與替代溝通（Augementative and alternative communication，簡稱AAC）的世界。在那個世界裡，沉默者可以透過最基礎的溝通方式找到聲音，像是伸手去指、眨眼，或是凝視別人手中的圖片，甚至還有能夠獨自使用的高科技語音裝置和電腦程式。

想獨立操作器材，我得要學會用那些開關，於是媽媽帶我回去找夏奇拉跟另一位名叫吉兒的物理治療師。又做了一次測試後，他們判斷我最擅長使用的開關有兩種：第一個名叫棒棒糖開關，那是可以收在我掌心的三角形小盒子，彎曲手指壓下按鈕就能控制；另一個是搖擺開關，它的長度夠長，有時我不夠精準的右手揮舞的方向正確，就會碰到它。

得知爸媽決定買這套裝置給我，一開始我興奮到無法自己。然而挫折感隨即湧上心頭，我發現我才不想要這個黑盒子，因為它只能儲存兩百五十個左右的字詞。我心中的字句數量無邊無際，只給我兩百五十個選擇等於限制了通往溝通的門扉。

接著，南非幣值暴跌，爸媽不得不取消訂單，不然就要支付幾乎兩倍的價錢。他們改變心意，決定買一台電腦給我，可以在上頭安裝溝通軟體。這是個很大膽的決定，因為在南非沒有人用這種東西。言語治療師幫不了我們——誰都幫不上忙。要是打算學任何東西，我跟爸媽全得要靠自己，他們甚至不知道我有沒有辦法用電腦。

現在，他們得要決定購買哪套軟體，無論選擇什麼，我的狀況都可能會完全不同。這是個磨人又愉快的時刻。我的情緒宛如巢中的雛鳥推擠著搶位置：對於學習溝通的興奮；不需要用黑盒子的快樂以及相對應的罪惡感；爸媽對那套裝置這麼有信心，我卻暗藏著這樣的心思，對此我懊悔不已。每一種情緒各有特色：興奮讓我胃袋抽動，罪惡感在深處掀起輕微的噁心波濤，懊悔使得我內心無比沉重。這些情緒跟我過去的認知相差甚遠——以往我總覺得自己陷入灰沉沉的靜默，不然枯燥的存在跟無力控制的每一天會把我逼瘋。

「哈囉，孩子。」爸爸每天早上六點整踏入我的房間，用同樣的一句話打招呼。

爸爸來扶我起床時已經換好衣服了。接著他幫我洗澡、穿衣，再推我進廚房，餵我吃下一碗穀片。他還會給我一杯咖啡，拿吸管讓我喝。吃喝完畢，我知道我們很快就要前往療養院。爸爸每天上班前順道送我過去，出門的前一刻會在我大腿上放一個提袋，裡頭有乾淨的衣物、白天份的漏尿護理墊跟圍兜，再加上一個比較好看的袋子，裡面是我的食物和飲料。

家門打開的那一刻，我總會感到輕微的激動。畢竟天氣是我生活中少數無法預測的事物之一。外頭是不是挾著一股寒氣？天空是不是烏雲密布？這個地區陽光普照，通常沒有多少驚喜，但我很享受爸爸開門時的短暫懸疑感。

爸爸抱我上車，將輪椅折好，收進行李箱，接著他爬到我隔壁的駕駛座，打開收音機，默默開車載著我。過了半小時，我們抵達療養院，他又抱我下車，讓我坐上輪椅。爸爸將我的袋子放到大腿上，推我穿過鎮守阿法與歐米茄出入口的棕色柵門。他沿著走廊把我推進教室，輪椅停下來，我知道我又要在這裡度過一天了。爸爸大多在七點十五分到八點十分之間離開，我得要等上十一個小時才能再見到他。

「再見了，孩子。」他彎腰親親我，沿著走廊離開，我聽著他的腳步聲消失。

療養院的生活大概要到九點半才真正開始，於是我坐在椅子上，有時候他們會把我放上懶骨頭，我比較喜歡這個，因為懶骨頭可以穩穩撐住我的身體。接著我整個早上或躺或坐，偶爾讓人抬起來做一些伸展運動、參加活動等等。喝過上午的茶，有時候我會被帶到戶外透透氣，再過九十分鐘就是午餐時間，每天的菜色都一樣——煮軟的水果配優格，加上橘子或是芭樂泥。然後他們扶我躺下來，跟其他孩子一起睡午覺，寶貴的三個小時就這樣流逝。他們搖醒我，給我喝下午的飲料，再讓我坐上輪椅，等爸爸來接我。

我常覺得這段時光最難熬，儘管療養院只開到下午五點十五分，爸爸往往會在五點二十分到六點半之間抵達，因為他沒辦法提早下班，常困在尖峰時刻的車陣中。有些工作人員不喜歡這樣，我不時偷聽到批評他的談話。每次我都會好沮喪，因為我知道爸爸已經盡力了。

「哈囉，孩子。」他終於笑著走進我的教室，我鬆了一口氣，因為我終於又度過了一天。

我的提袋又回到大腿上，爸爸推我到車旁，我的輪椅收進行李箱，我們聽著收音機開車回家。車子開上門口的車道，我們進屋，多半會看到媽媽在煮飯。我們圍著餐桌坐定，吃晚餐，最後我喝了杯咖啡牛奶。爸爸扶我坐上客廳電視前的沙發。通常他會坐在扶手椅上看節目看到睡著，接著他醒過來，抱我上輪椅，推我進浴室刷牙，換好衣服，送我上床睡覺。

這一套例行公事只在週末出現變化，我待在家裡，可以多睡一會，爸爸才會來扶我起床，帶我到客廳，讓我或躺或坐度過一整天。但至少家人都在我身旁，我可以聽大家說話。週末時光總能給我度過一個禮拜的力量，因為我好喜歡跟爸媽還有大衛待在一起（金姆也是，不過她去英國了）。因此，每個星期日晚上爸爸幫我洗頭髮、準備下一個禮拜的療養院生活的時候，我總是難過的不得了。每隔兩三個禮拜，他會幫我剪指甲，我真希望永遠剪不完。

這是我有記憶以來每一天的例行公事。所以囉，爸媽討論接下來要怎麼做的時候，我能不仔細聽他們說出的每一句話嗎？我有辦法不去夢想過去以為永遠無法擁有的未來嗎？

可憐的東西

我在三年前認識維娜，只有她給我一條遠離沉默自我的安全途徑。跟那些試著透過符號、按鍵、開關、螢幕接觸我的人不同，她憑藉的只有直覺。她就像是技術高超的偵探，追蹤我偶爾不慎留下來的線索，從來不會靠著單一證據做出結論，而是將一連串的碎片拼湊起來，看見全貌。

她花了不少時間。起先，我不太樂意遇上這個想跟我溝通的人。我怕得不敢相信有人做得到這件事。然而等到我發現維娜不打算放棄，我才漸漸敞開心胸，經過了月月年年，我們成為朋友。

到了每週一次的按摩時間，當她走進阿法與歐米茄的小房間，她總是問：「馬丁，你今天如何？」

我躺在床上，看她拉開小袋子的拉鍊，裡頭裝滿按摩油，她總是帶在身上。我聽著瓶子打開的聲音，等著聞聞是怎樣的氣味飄出來。有時候是柑橘香，有時候是薄荷或尤加利，每當香氣衝入我的鼻孔，我就像被龍捲風從現實世界帶到奧茲王國。

「今天我要先按你的腿，然後是背。」維娜告訴我：「已經有兩個禮拜沒按這些地方了，我相信一定會很痠。」

她以疑問的眼神看著我。維娜個頭嬌小纖細，嗓音跟她的外型很搭，我一直都知道她人很好。第一次聽到她跟我說話、感覺到她神奇的手指幫我鬆開廢置已久的肌肉，我就知道了。

看著維娜，我的心就脹得好滿。我們有四十五分鐘的相處時間，而我要像在海邊撿一整天貝殼的小孩一樣，一個一個來。我得要努力不讓這些時刻咻地流逝，放慢分分秒秒的速度，事後才能在腦中重播，因為它們是我現在的支柱。只有維娜看得見我。更重要的是她相信我。她了解我的語言——微笑、眼神、點頭，我僅能掌控這些動作。

「你家人還好嗎？」維娜一邊按摩一邊問。

我躺在床上，雙眼追著她跑。我繃住臉部肌肉，讓她知道有人生病了。

「你爸爸病了？」

我沒有回應。

「是你媽媽？」

還是沒有。

「是大衛嗎？」

我微笑一下，告訴她猜對了。

「真可憐。」她說：「是什麼病？他感冒了？」

我把頭往下一抽。

「扁桃腺炎？」

我虛弱的脖子又抽了一下，不過維娜這樣就懂了。從耳朵、鼻子一路問到喉嚨，她終於來到胸口，我又給了她半個微笑。

「胸部感染？」

我讓眉頭打結，告訴她快猜中了。

「不是肺炎？」

我用力擠出鼻孔裡的空氣。

「還有什麼呢？」

我們凝視彼此。

「支氣管炎？」維娜終於說出答案。

我一笑，喜悅在我全身上下奔騰。我是拳王阿里、網球選手約翰．馬克安諾、槌球手佛瑞德．杜魯門。我得意洋洋地繞著運動場轉，群眾高聲喝采。我要在下次見到她之前一遍又一遍地重播這一刻，因為這一刻——以及其他類似時刻——利劍了斬斷圍繞在我身旁的荊棘。

維娜甚至鼓勵其他人多跟我說話——特別是我妹妹金姆。我一直都知道她在照顧我：餵我喝她從自己盤子裡省下的肉湯，因為她知道我喜歡；她看電視的時候，會把波奇抱到我大腿上，或是將我的輪椅推到她身旁。當金姆發現我會回應維娜，她對我說話的次數更多了——向我提起她的生活，就像是任何一個妹妹對她哥哥會說的那些話。她告訴我大學裡發生了什麼事；她正接受社工的訓練，很掛念她的課程；或者是有些朋友能逗她開心，有些人沒辦法。當然了，金姆不知道我聽得懂她的一字一句，也不知道看著她上台接過學位證書，我幸福到心臟感覺要爆炸了。除了維娜，只有她能夠偶爾解讀我的意圖，比其他人都擅長猜測我的好惡。

因此，一年前金姆搬去英國的時候，我才會這麼想念她，不過至少我還有維娜。在我的生命中，眾人無情地談論我的生理需求——我覺得熱還是冷？累了還是餓了？——唯有她沒把我當成一副空殼。現在金姆已經無法擁抱我，只剩維娜會用最不敷衍的手法觸碰我。其他人幫我清洗擦拭、換衣服、拍灰塵，但那些只是機械式的舉動。只有維娜，她觸碰我僅是為了安撫我疼痛的身軀——她撫慰我、療癒我，讓我覺得我如自己所想，不是可憎可厭的生物。

我知道人們不願意溫柔觸碰我是因為他們在怕。說真的，我自己也有點怕。看到我在鏡中的模樣，我會馬上移開目光，因為回望我的是個眼神呆滯的青年，脖子上掛著接口水的圍兜，雙臂屈在胸前，活像是討骨頭的狗兒。其他人覺得這傢伙倒盡胃口，我也幾乎認不得這個陌生人。幾年前，我參加家族聚會，坐在角落聽見某個親戚談起我。

「看看他。」她語氣傷感，「可憐的東西。那是什麼樣的鬼日子啊？」

那名婦人轉過頭，困窘湧上我心頭。她不敢看我，我知道我毀了她的興致。這沒什麼。有誰能在這樣扭曲的景象前享樂呢？

生死關頭

我正把第一根鞋底釘埋入溝通的峭壁上。幫助我操作電腦的開關組送來了，我開始練習用法，瞭解到它們不只是螺絲釘與螺帽、塑膠圓盤、縱橫交叉的電線。說話、聊天、爭辯、開玩笑、講八卦、對談、交涉、閒談：多虧了這些裝置，我一伸手就做得到。稱讚、質疑、道謝、請求、致意、詢問、抱怨、討論：幾乎都在我掌握之中。

首先我們得要決定買哪套軟體，於是爸媽從歐美訂了好多種展示用的光碟來測試。媽媽盯著龜速開啟的網頁看了好幾個禮拜、好幾個月，而爸爸則是每晚閱讀他白天在公司印出來的資訊。

我看了也聽了，漸漸了解什麼產品最能幫助我表達內心。就像是藝術家混合顏料，找出最適合手邊畫布的濃度，我得要選出最合適的軟體。在我第一次接受評估後過了將近六個月，爸媽催促我告訴他們我想要什麼。他們會問我是因為發現多了這些有意思的東西，我不再成天像落水狗一樣垂著腦袋。看見那些代表我可能做得到哪些事的跡象，他們心中升起希望，宛如熱呼呼澡盆上飄出的蒸氣。

終於決定要買哪套軟體後，我不斷想像我的人生會變成什麼樣子。想到很快就能聽見自己的「聲音」說「我餓了」，要說幾次就說幾次，我吃驚極了。發現我有辦法問：「現在有什麼節目？」我驚喜不已。這些簡單字句是我面前的聖母峰；說不定我很快就能征服——我幾乎無法想像這些。

我發現我對某些符號訝異不已，對它們略略退縮。代表「誰」的是一張印有問號的空白人臉；「什麼」是框著問號的方格。這些磚塊建構起我一直無法問出的問題。「我想要」是一雙伸向紅色方格的手，而兩條平行的粗黑線則意味著「我是」——我最常退回這個詞，因為我非常不確定在這兩個字之後要接上什麼。我是……什麼？誰？我不知道。我一直沒有機會找出答案。

在我開始回答這些問題前，得要掌握一切句子的基礎——每個字跟相對應的符號。果汁、茶、糖、牛奶、哈囉、再見：等我學會這些，我才有辦法將它們組合在一塊，造出句子。

「我想要柳橙汁。」

「不用了，謝謝。」

「我餓了。」

「我想睡了。」

「我好冷。」

「我想吃甜菜跟果醬土司。」

儘管我得要在爸媽唸出我想要軟體名稱時點頭，可是我根本無法做決定。他們問了我好幾次，但我就是選不出來，我們已經在猶豫不決的無風帶裡困了好幾個禮拜。

「有時候你就是要往前走。」幾天前爸爸這麼說：「你得要做出決定，貫徹到底。我們只希望你告訴我們想買哪個軟體。馬丁，我們相信你知道你想要什麼。」

他看著我，我默默回望他。

「這只是個開始。」爸爸柔聲說：「不是什麼生死關頭。」

但我覺得是。

我從沒做過決定，現在我碰上最困難的抉擇。你要怎麼挑選通往另一個世界的橋樑呢？這套軟體不只是區區設備：它將成為我的聲音。要是我選錯了呢？要是我挑到給予我太多限制或是太複雜的東西呢？如果犯了錯，說不定就沒有第二次機會了。

媽媽說：「如果一開始沒有買對，我們可以再買一套。」

可是她的擔保無法撫平我的恐懼。我心中有塊角落思索著爸媽的信心能撐到何時。如果我不會用這套軟體，他們會不會放棄這個周圍眾人認定永遠不會實現的瘋狂夢想？我發現我不斷捫心自問：如果一切順利，如果我的世界向外開展，這代表著什麼？或許爸媽看著我操作開關的右手稍微穩定了些，選擇圖示的速度隨著練習而增加，他們相信我擁有超越其他人想像的能力，然而他們依舊無法完全理解。要是我們熟知已久的世界軸心傾斜了，會有什麼結果？我已經熟悉了這個牢籠，即使開闊的地平線就在眼前，我仍然不知道自己看得見。

質疑與焦慮塞滿我全身，我逼自己想想幾個禮拜前的聖誕節假期，爸媽跟大衛打給金姆的那通電話。他們在聊天，我緊張地坐在爸媽的電腦前緩緩按下幾個符號，雙手抖得比平常還嚴重。接著爸爸將話筒湊到電腦喇叭旁，我按下最後一個開關。

「哈囉，金姆。」我的電子聲音這麼說：「聖誕節快樂。」

妹妹沉默好一會兒才開口，但我聽見她語氣中的喜悅從六千哩外傳來。在那一刻，我知道幽靈男孩終於要起死回生了。

我媽

媽媽看著我，臉上閃過挫折感。我對這個表情相當熟悉，有時候她的五官一動也不動，使得她的臉接近冰凍般凝固。我們在電腦前一同作業，試著繼續增加我的字彙量。時間是二〇〇二年的八月，距離我第一次接受評估已經過了一年，我們花了半年學習使用我的溝通系統。金姆從英國回來小聚的時候帶回我最後決定要買的軟體，現在我甚至有一台媽媽帶我去買的筆電。

「這些都太舊了。」她在電腦店裡看著如墓碑林立的筆電展示機，故意說：「我要你們店裡最新的型號——請給我最高級的。一定要又快又厲害。不能讓我兒子碰上任何問題。」

我又看到她為我交涉，過去幾年來，我已經看過無數次了。我看過媽媽以堅定有禮的態度要求那些說我沒事的醫生再替我檢查一次，跟其他要我排到隊伍尾巴的醫療人員爭辯。現在她要確保我能得到店裡最頂級的筆電。

起先我幾乎不敢碰那台筆電，只是在爸媽或大衛開機的時候盯著它看。驚嘆地聽著有如魔法的音樂，看著黑色螢幕湧入生機，心想我到底能不能學會控制這台陌生的機器——我連鍵盤都看不懂了。字母大概算是另一種圖示，可是它們跟我過去幾個月來學習的圖案完全不同，我不知道要怎麼讀。

各位自然而然地選擇要說什麼，我卻得從表格——或是許多頁面上——挑選出字詞，讓新電腦幫我「發聲」。我的軟體沒有多少前製設定，媽媽跟我得要輸入每一個我想要的字彙，以及相對應的符號。接著我就能用開關移動字詞，在螢幕上選擇我想說的話，最後由電腦說出來。

今天媽媽跟我要處理跟顏色有關的字詞，她在幫我學習一種新的語言，在我小時候，她也做過同樣的事情。媽媽甚至辭了放射師的工作密集教導我。每天下午兩點左右，她來療養院接我回家後，我們會一起研究四五個小時，建構起文字的表格，之後她放我自己練習使用。

我知道我的學習速度讓她大吃一驚。起先，她得先學會用這套軟體才能教我。但是過了不久，她發現我有辦法達成她給我的每一個課題，相信我能做到更多。於是她一改先前的習慣，不再獨自閱讀操作手冊，而是唸給我聽，我完成她說的每一個步驟，和她一起學習。我似乎越來越能了解那些指令，甚至比她還懂，有時候我得要等她發現自己哪裡弄錯了。可惜我沒辦法告訴她——儘管進步了那麼多，我依然只能運用最基礎的字彙和詞語。

現在我看著媽媽，她凝視我一會兒才繼續看螢幕。到目前為止，我們已經在新的表格上輸入了彩虹的顏色——紅、黃、粉紅、綠、紫、橘——還有其他最常用的項目，像是藍色、黑色、棕色。不過當我們進入色譜上更抽象的界域，難度就大幅提昇了。

「櫻桃色？」媽媽問。

我僵著臉。

「翡翠綠？」

我很清楚自己要的是哪個字。在建立表格的時候，我們不時陷入這樣的僵局。

「洋紅色？」

我沒有做出任何回應。

「海軍藍？」

一時之間，挫折感在我心中堆疊，搔抓我的喉嚨底部，真希望媽媽猜得出我想要的字，要是她做不到，那我就永遠無法將那個字說出口了。我完完全全仰賴她猜出每一個我想加入字彙表的字詞。

有時候我可以用一些方法來暗示心中想的是哪個字，稍早我用一組按鈕點下耳朵的標示，接著是水槽的圖片。

「聽起來像水槽（sink）？」媽媽問：「你想要粉紅色（pink）？」

我微微一笑，這個詞進入了我的表格。現在我想要的色彩只剩下一個——綠松色。媽媽把整個色譜唸了一遍，要是她沒有想到的話，真不知道要如何描述夏日天空的色澤。

在挫敗的打擊下，有時我會想媽媽找出那些字詞的欲望是不是比我還強。她陪我坐在電腦前度過一個又一個小時、一天又一天，和我一樣被這些過程耗盡心力，可是她似乎一點也不厭倦。沒跟我一起製作表格的時候，她隨身攜帶紙張，只要想到在下一組表格中我可能會想加入什麼字，就立刻抄下。我們合作的時間越長，她就越了解我的字彙量有多大。當她察覺我知道多少事情，我看得出她眼中的震驚。

我想她漸漸發現過去有多麼低估我，但我不清楚她對此有何感受。或許她想到我清醒了那麼多年，覺得驚恐萬分，可是我們沒有討論這件事，我也不認為這輩子會談到這件事。她是不是把我的復健當成對於過往罪惡的懺悔呢？我無法確定，不過她的急切與奉獻讓我納悶：她是不是想要躲開那幾年黑暗時光的回憶——我發病後，在大衛、金姆、波吉離席，我被丟在角落的時候，她跟爸爸之間數不清的爭執。

「看看我們！」媽媽對爸爸尖叫：「我們家亂成一團。馬丁需要的特殊照顧我們做不到，我不懂你為什麼不給他這個機會。」

「因為他需要跟我們在一起。」爸爸吼了回去：「不是跟陌生人相處。」

「你想想大衛跟金姆。他們怎麼辦？大衛以前好活潑外向，現在他越來越退縮了。我知道金姆看起來很勇敢，但她需要你更多的關注。她想跟她的爸爸好好相處，可是你總是在忙馬丁的事情。除了他跟工作，你沒有留給我們半點機會。」

「對啊，沒辦法，因為只有我在照顧馬丁，不是嗎？抱歉，瓊安，我們是一家人，他是我們的一分子。我們不能就這樣送走他。我們要待在一起。」

「羅尼，為什麼？你把他留在這裡是為了誰？為了你，為了馬丁，還是為了我們？你為什麼無法接受我們沒辦法照顧他的事實？

「到別的地方，讓專業人士好好照顧他，他會過得更好。我們可以去探望他，金姆跟大衛一定會比現在快樂。」

「可是我要他待在這裡。我不能讓他離開。」

「那我、金姆、大衛呢？這對我們沒有半點好處。我們受不了了。」

爭執永無止盡，他們互相角力，想要說服對方，對話失去控制，我全都聽在耳裡，很清楚自己就是源頭，心裡期盼可以躲進安全的暗處，再也不用聽到這些吵鬧。

有時候格外失控的爭吵一結束，媽媽會衝出門外，可是某天晚上，爸爸把我帶上車開了出去。我納悶我們還會不會回家，心中被罪惡感填滿：我對我的家人做了什麼？他們的遭遇全是我的錯。我死了對大家都好。最後我們當然是回家了，每次爭執完總會出現的凝重沉默又一次讓四周空氣凝結。

其中有一場我絕對忘不了的爭吵——爸爸衝出門外，媽媽坐在地上哭泣。她雙手扭成一團，口中哭號呻吟，我感覺得到赤裸裸的悲傷從她身上溢出：她看起來好孤單、好困惑、好絕望。我真想安慰她，從輪椅上站起來，拋下這副帶來龐大痛苦的軀殼。

媽媽抬頭看我，眼中充滿淚水。

「你一定得死。」她緩緩說著，定睛看我，「你不死不行。」

當她說出這些字句，我覺得世界離我好遠好遠，而我只是茫然盯著她，看她起身，把我丟在靜悄悄的房間裡。我真想聽從她的命令。我好想離開我的人生，因為這些字句遠遠超出我的承受限度。

時光流逝，我漸漸學著去理解媽媽的絕望。坐在療養院裡，聽別人的家長說話，我發現好多人和她一樣受盡折磨。我一點一點理解媽媽為什麼難以跟我相處——我只是她曾經摯愛的健康孩子的殘酷仿冒品。她每看我一次，眼中只有留在原處的幽靈男孩。

那股黑暗的絕望不是我媽媽的專利。在她對我說了那些話的夜晚之後，過了兩三年，有個名叫馬克的寶寶被送進療養院，他的學習障礙太嚴重了，得要接受鼻胃管餵食；他從沒說過話，也沒有人指望他能活多久。我沒有真正看到他，因為他成天躺在嬰兒床裡，只聽得見他發出的聲音。我也知道他母親的嗓音，雖然她送馬克進來的時候，我大多躺在地上，但她的聲音越聽越熟。因此，某天早上我聽見她跟麗娜的對話。

「每天早上一醒來，我都會度過一小段記憶朦朧的時刻，覺得好輕鬆、好自由。接著現實洶湧地回歸，我想到馬克，又一天，又一個禮拜，我想著他是不是在受苦，他還能活多久。

「可是我沒有馬上起床去找他。我只是躺在原處，看著從窗外照進來的陽光，窗簾被微風輕輕吹起，每天早上我都知道自己是在凝聚去嬰兒床看看的勇氣。」

馬克的母親不再與命運對抗。她接受兒子隨時都會死去的事實，每天早上等待馬克的死期降臨，不知道在那一刻會有什麼感覺。她跟我媽媽都不是冷血怪物——她們只是太害怕了。我早就學會原諒媽媽的錯。現在我看著她眉頭打結，努力找出我想要加入表格的顏色，我真想知道她是不是已經原諒自己了。希望答案是肯定的。

馬丁、金姆、大衛（從左至右）

別的世界

每當我要遺忘現實，我總能自由翺翔。無論有多絕望，我知道一定有個地方能讓我放下自我：我的幻想。我可以成為我想成為的一切。

我曾經是海盜男孩，溜上敵人的船隻，奪回他們從我父親手中偷走的黃金。我沿著繩梯爬上船，悄悄跳上木頭甲板，耳中聽得見歡笑聲。我頭頂上的瞭望台有個海盜，他拿著望遠鏡眺望海面——不知道有個敵人正在他眼皮下登船。在甲板另一端，一群海盜擠成一團。他們圍著一張地圖，邊笑邊討論接下來要襲擊哪艘船、這回要偷誰的黃金，一瓶萊姆酒在他們手中傳來傳去。

我舔舔手指，豎在半空中，觀察風從哪吹來。我得要確定那群海盜不會聞到我的行蹤，因為他們會把囚犯綁起來，丟給鳥兒啄出他們的眼睛，然後要他們沿著木板跳海。我盪上甲板，用手肘撐起身體，悄悄往前爬行，我知道短刀就在我身旁，隨時能派上用場。要是哪個海盜靠得太近，我準備一刀砍下他的腦袋，不過他們忙著看地圖，沒有注意到我。我沒發出半點聲響，順著一道梯子往下爬進船艙。我得要找到海盜王的艙房，因為我父親的黃金一定在那裡。

我來到一扇門前，推開。海盜王睡在椅子上，可是看得出來他非常高大，要是站起來，頭幾乎會撞上天花板。他留著一大把黑鬍鬚，戴著一塊眼罩，頭頂著船長帽。他面前是一個裝滿飾品、金錢、寶石、杯子的大箱子，我躡手躡腳地靠近，往寶箱裡掃視。看到了——裝著我父親的黃金的棕色皮袋。它半埋在一堆金幣下，我小心翼翼地一點一點抽出來，不發出半點聲音，直到皮袋穩穩落入我手中。

我可以跟來時一樣安安靜靜，可是我沒有。

我繞過桌子，來到海盜王的椅子前。他的鼻子又大又紅，臉頰上有一道疤痕。一隻藍色綠色黃色交織的鸚鵡站在他身旁的棲木上。我餵了牠一些口袋裡的麵包，要牠閉上嘴巴，接著湊上前去奪走海盜王的帽子，同時開口大笑。他瞪大眼睛看到我。

「喝啊啊啊啊啊！」他放聲怒吼，我笑得更厲害了。

他一躍而起，抽出長劍，但是我的動作快到他跟不上。我戴上他的帽子衝出門外，用力甩上門。我聽見木頭碎裂的巨響，原來是海盜王一腳踹破門板，被卡在門上。哈！他現在可沒辦法來逮我啦。

「小偷！」他高喊。

我抽出短劍指著前方，衝上甲板。銀色劍刃好耀眼，陽光在上頭跳躍。海盜擋在我面前，可是我一轉劍身，反射的光芒照得他們睜不開眼。他們紛紛跪倒，按著眼睛慘叫，我跑到船邊，一名海盜想要追上來。我聽見他的長劍劃破空氣，感覺到他的逼近。他想抓我去餵鳥。

我猛然轉身，短劍撞上他的劍刃。海盜的長劍從他手中飛出，橫越甲板，我跳上船邊的繩索，手裡還抓著父親的黃金。我是海盜男孩。我可以奔跑、游泳、偷東西、打鬥、面對敵人、瞞天過海。海盜衝向我，我微微一笑。

「你們永遠抓不到我。」我一邊大叫，一邊跳下繩索。

我不斷墜落，身體像一支箭射進海水，被那片湛藍包圍。我知道大海會帶我安然離開。我會找到父親，繼續戰鬥。我是海盜男孩，不是任何人的囚犯。

當我以為我將要一輩子受困，我往往會沉浸在這些幻想中，逃避那些威脅著要顛覆我心靈的感受。現在，我和這個世界重新產生連結，開始體驗到希望、挫折、恐懼、喜悅的細膩折磨，不時會興起再度踏入那個國度的念頭。當然了，在內心深處，我很清楚已經不再需要迷失在幻想中，因為我終於要好好過日子了。但我總是萬分感激我的想像力，我很久以前就學到這是我最棒的天賦：這是解開牢籠放我自由的鑰匙，這是一扇帶我踏入新世界、征服一切的門扉——這是我的自由國度。

煎蛋

今天早上練習使用電腦的時候，圍繞我頭部的束帶好緊。束帶中央有一個黑色小點，我要努力稍稍轉頭，將紅外線光束照上電腦螢幕。以虛弱雙手按下開關，我就能選擇要說出哪個字。這個小玩意兒應該能夠增進我的溝通速度，可是要花好長的時間練習。

掌握溝通系統的欲望凌駕一切，我試著控制那些開關，記住我們把那些符號存在電腦的哪個字彙表格中。大部分的日子，我還是得去療養院待上幾個小時，給我媽媽一些自己的時間，然而現在我不是沉浸在幻想之中，而是反覆思考那些表格，自我測試，看我要怎麼從一個字找到另一個字，記住某些特定字彙的儲存位置。回到家，我會用功六個小時、七個小時、八個小時，有時候只是浪費時間，反覆聽自己「說話」。像是進了糖果店裡的小孩子，我狼吞虎嚥：動詞是我的巧克力球，名詞是我的黏答答太妃糖，副詞是我的果凍糖，形容詞是我的甘草軟糖。夜裡躺在床上，我看見符號在我腦海裡奔馳，衝進我的夢境。

現在我看著表格裡的每一個字一一亮起。裡頭有跟早餐有關的字，還有其他我選來造句的字彙，它們在螢幕上端盤旋。「請」、「給我」、「柳橙汁」、「還有」、「咖啡」活像一排乘客，耐著性子等待那輛他們生怕永遠不會繞過街角的公車，因為他們已經等了好久好久。每次選定一個符號，我得要等待游標回到表格起始處，緩緩帶著它再次點過每一格字。我等著，因為今天早上我想請媽媽給我煎蛋當早餐，還有咖啡跟果汁。

冒著煙的杯子的圖片——「即溶咖啡」——亮起來。接著是紙盒的圖片——「牛奶」。

蜂蜜
土司
馬芬
馬麥醬
麥片粥
草莓
杏桃
柑橘醬

果醬
奶油
人造奶油
葡萄柚
橘子
香蕉
葡萄乾麵包
只剩下最後一行空間。

我看著「蛋捲」、「蕃茄」、「香腸」亮起。游標移到開頭是「培根」、結尾是「煎蛋」的那一行，這就是我要的符號。現在我可以明確指定要吃什麼，這個發現讓我喜悅不已。不是炒蛋也不是水煎蛋——我要像太陽一樣的圓圓荷包蛋照亮我的盤子。

我迅速握起右手，環上棒狀開關。右手是我最管用的手，我最信任它了。我要它乖乖聽我的命令。

游標滑過每一個亮起來的格子，停留幾秒，接著隔壁的格子亮起。「蛋」跟「炒蛋」被游標拋在腦後。「煎蛋」要來了。它就窩在「水煎蛋」跟「白煮蛋」之間。我等著要撲上襲擊。

終於。那個符號亮起。然而在我要握住開關的那一刻，我發現手指動得不夠快。我試著再次握緊，但它們就是不聽使喚。我的手辜負了我的期盼，我看著隔壁的格子亮起，一股氣憤在我全身上下鼓動。我錯過煎蛋了。機會來了又走。我得要等到游標滑過整排表格，才有下一個選擇目標的機會。

我深吸一口氣。對我而言，溝通是格外困難的蛇梯棋遊戲。在這上頭極耗費耐性，我幾乎要慶幸曾經花了那麼多年來培養。

我看著一個個字彙在我面前再度亮起。無論如何，我都要等到煎蛋。然後我會點下最後一個符號——「說」——讓電子語音為我發聲。

說個祕密

我無法明確指出究竟是在何時愛上維娜。或許這份感情來得緩慢，一層又一層地包上來，使得我完全沒發現它已經成了我的一部分，或許我只是不准自己去想這件事。我無法確定，但此時此刻，看著她，我只知道我愛她。

在日間療養院裡，維娜正對我說話。現在我無比企盼她的來訪，因為這是緩和我心中蠢蠢欲動之憤恨的解藥。我越來越擅長使用電腦溝通系統，所以我無法理解為什麼還會被送到這個地方。那是二〇〇二年年底——我接受評估後的一年多——儘管我深信已經證明我不該來到此地，然而似乎沒有人知道該如何處置我，我沒別的地方可以去。過去沒有人知道我智能無礙，那已經夠難熬了，現在更是痛苦千百倍。

我過著兩種人生：一個是在家裡使用電腦，感覺我很快就要首度加入這個世界；另一個就是坐在療養院裡，大腿上放著裝滿圖案紙張的資料夾，沒有人多加理會我，我覺得自己跟以前一樣死氣沉沉。這兩種人生的切換越來越困難。

不久之前，爸媽出門玩了幾天，我被送到陌生的安養中心。每天早上，我坐輪椅到髒兮兮的庭院裡，四周是高聳的金屬柵欄，待在那裡活像是動物園裡的動物。每天傍晚，他們帶我回室內，沒有電視也沒有收音機，沒有東西能打破枯燥。唯一會改變的是鄰近道路的車聲，每次聽到車子接近，我都會夢想那是來接走我的人。但我從未獲救，也無法壓抑在我血管中奔流的憤怒與失望。什麼時候會有人看見我的本質，而不是這副包裹我的破碎軀殼呢？我得要做什麼才能說服他們這裡一點都不適合我、不要試著擺布我？

儘管有些人看出我的能耐，我還是常受到懵懂孩童一般的待遇。感覺只有維娜對我平等以待，我越來越確信自己對她別有意義。不然她怎麼會對我如此有信心？我早就懶得聽這裡的工作人員開玩笑說維娜花多少時間陪我。可是現在想想他們的玩笑話，我知道她問起我學電腦的進度時，眼睛會開心得閃閃發亮。我無法向她透露太多，因為我沒把筆電帶到療養院，生怕會有什麼閃失。這東西太珍貴，不能拿來這裡。不過現在我的腦袋轉得更快，雙手也稍微穩定了些，可以更篤定地回答維娜的問題。像是一台生鏽的老舊機器，多用幾次就動得更順，我的身體越來越強健了。

維娜的在乎不只展現於她對我學習進度的興致，還有其他面相：她送我一個自己用鐵絲凹成的魚形吊飾，上頭點綴著海水綠跟藍色的彈珠，現在正掛在我的臥室裡。還有在我生日時來我家拜訪。除了學校的朋友史蒂芬以外，只有維娜會來我家看我。

在我生病的那幾年，史蒂芬都會來我家走走，每年帶著生日卡片上門，唸給我聽。不過我已經好久沒見到史蒂芬了，他搬去南非的另一端學醫。所以當維娜來見我的時候，我開心的不得了。當時我甚至還沒去接受評估，她送我自己塗色的盒子當作生日禮物。在那個時候，只有維娜相信我。她跟她表妹金姆陪我爸媽聊天，我則是讚嘆不已地凝視那個盒子，雙手輕輕捧著，簡直把它當成聖物看待。

「我們會再過來。」維娜起身準備離開，對我微笑，柔聲說：「這絕對不會是我們最後一次來看你。」

因此，開始學習溝通以後，我才會如此滿懷希望，期盼維娜有辦法給我更多關照。再過不久，我想說什麼就能說出口，靈活輕鬆地聊起任何話題，成為維娜會喜歡的人。

為什麼發覺我愛上她的時候，我會如此訝異呢？只要多花時間回顧，那些情感的蛛絲馬跡全都攤在我面前。記得維娜來療養院工作後沒多久，她和其他人的一段對話說出了我需要知道的一切。聽見她跟另一名照護員聊起要跟認識的男性一起去看電影約會，我心中充滿嫉妒。我真想成為那個帶維娜出去玩、逗她笑的人。

關於那次約會，我沒有聽到更多，直到兩個月後，才在她跟瑪莉葉塔的對話中得知後續。然而這回她提起那個男性時，眼中沒有跳動的光彩。

「他不值得妳這樣傷心！」瑪莉葉塔對維娜說：「妳忘記他就是了。海裡還有一堆大魚。」

維娜對瑪莉葉塔虛弱地笑了笑，看得出她很沮喪。那個男的有夠蠢。她對他來電，他卻傷害了她。這讓我好火大。

現在我可以笑著回顧四年前的那一天，我察覺到對維娜的感情不只是友情。那時，她對我柔聲說話，我看著她，這輩子沒有如此確定我真的愛她。

「我表妹金姆交了新男友。」她的嗓音開朗又興奮，「她真的很喜歡他。只是一開始還不太確定到底是怎麼一回事，因為他們約會了幾次，但他一直沒有透露真正的想法。」

我看著維娜。越是了解男女之間的種種，我就越清楚電視節目跟現實生活完全不同：現實生活絕對沒有那麼簡單。可是，如果這個男的不喜歡金姆，那他應該不會約她出去吧？

「不過現在沒事了。」維娜笑著說：「昨晚他們聊了一會兒，他跟金姆說他覺得她很棒。她好開心。」

突然間，我心中湧現向維娜吐露情感的欲望。她跟我聊起金姆和她的新男友。我想要他們擁有的一切。一定要告訴維娜這件事，因為我相信她也希望我這麼做。

我舉起手，看著它在半空中不規則地揮舞，在我們之間毫無目的地拍打，但我對維娜笑了笑。以前，我從沒對任何人說過這種事情，一點都不敢想像或許會有人愛我。可是既然我在學習如何溝通，現在應該要展現一點能耐吧？維娜一定是最能看透這副殘破身軀的人吧？

我的手又在空中揮舞了一下，這才落到我身側。維娜默默看著我，神情沉著而嚴肅。她怎麼了？怎麼這麼安靜？

「馬丁，你認為我們之間有什麼特別的感情嗎？」最後她這麼問。

我微微一笑，既緊張又興奮，既害怕又充滿希望。我是如此確定她對我有同樣的感覺。不然她怎麼會成為我唯一的朋友呢？不然她為什麼要幫我？

接著，我看到維娜眼中閃過一抹哀傷。

「馬丁，對不起。」她說。

幾分鐘前聊起金姆時，從她身上泛出的喜悅頓時消失無蹤。維娜變得無精打采、毫無生氣。感覺得到她正在抽離。我希望她留下來，但她只是漸漸消失。

「我們只能當朋友。」維娜緩緩說：「你一定要了解這點。馬丁，我們之間永遠都不會有什麼。我很遺憾。」

我的笑容像水泥一般固結在臉上。聽著她說話，我不知道要如何抹去這個表情。

「如果是我會錯意，那我很抱歉。」維娜對我說：「但我得要誠實地告訴你，我們之間絕對不會有更進一步的關係。」

我的笑容終於粉碎。感覺得到胸口的痛楚。以前我不知道這種事情，但我很清楚這是什麼。我曾經在電影裡聽過台詞，也在歌曲中聽過人們描述。我完全理解這是什麼，儘管它戳得我千瘡百孔。心碎。

咬下去

我坐在馬桶上。不確定是為了什麼。當時的我一定還是個青少年，或許爸爸剛幫我洗完澡。總之，我赤身裸體的，已經受夠了。那天糟透了——並不是因為發生了什麼壞事，而是因為什麼都沒有發生。

爸爸彎下腰，伸長雙臂環抱我。我感覺到他的手指捏住我背上的一顆痘子。好痛。我不想讓他碰那裡。我想叫他停下來，別管我。爸爸的肚子就在我眼前，我直盯著看。他的肚子又大又圓又結實。媽媽常叫他「聖誕老公公」，不只是因為他留了一大把鬍子。

我看著爸爸的肚子，怒氣在我體內膨脹。他靠得更近了，肚皮擦過我的嘴唇，我感覺到他的手指追根究底地鑽入痘子底下。好尖銳的疼痛，我想大吼大叫，要他住手，甩掉他的手，氣沖沖地衝出門外，我好幾次看過金姆跟大衛在生氣的時候這麼做。就這麼一次，我好希望擁有讓誰、在什麼時間、用什麼方法、對我做什麼事情的決定權。我希望爸爸別再碰我，就放過那顆痘子吧。小娃娃還能哭喊抗議，我連這都做不到。

怒火在喉嚨底部燒出苦味，我把嘴巴張到最大，牙齒陷入爸爸的肚皮。

他震驚地倒抽一口氣，往後退開，訝異地看著我。

「痛死了。」他一邊揉肚子一邊說。

率先襲來的是罪惡感——接著是甜美的舒坦。

復仇三女神

如果我的故事裡有復仇三女神，她們的名字會是挫敗、恐懼、孤單。漫長的七年以來，這些幻影在我心中踐踏出漆黑的道路——如果把我開始探討人生、突破自我的日子算進去，那就是九年。復仇女神有好幾次差點將我擊潰，幸好我每次都學到如何對抗她們。

搶先襲來的是挫敗。如果真有跑贏她的奧運金牌，我相信得主一定是我。挫敗是發出嘶嘶威嚇聲的扭曲女士，她的獨特之處在於她會吸乾一切精力。恐懼是突然搥上我肚子的冷拳，孤單是壓在我被上的致命重量，可是挫敗會從我的胸口開始，把我的內臟變成扭曲的金屬，沒多久便掌控我全身。她漸漸將我感染，我身上的每個細胞都因為憤怒而震動。

挫敗常常從我體內竄出，因為周遭的一切不斷提醒我無法決定自己的命運，就連最細微的改變都無能為力。如果旁人要我以同樣的姿勢坐上好幾個小時，儘管坐到渾身疼痛，我還是無法反抗。無法用言語來表達有時候我有多討厭多年以來每天午餐吃的冰冷芥末醬跟梅乾。其他人執意要我練習走路，每次都會惹得挫敗高聲呼號。

爸媽依舊相信我還有辦法走路，因為儘管四肢抽搐不已、無法控制，它們並沒有癱瘓。媽媽帶我去上物理治療課程，確認我的肌肉跟關節沒有因為靜止不動而完全僵硬。她跟爸爸全心投入我總有一天還能站起來的信念，他們完全不聽醫生建議切斷我腳上的幾條肌腱，降低抽搐的幅度。他說這樣沒差，反正我再也不需要用到雙腳。爸媽回絕了他的建議，帶我去看別的醫生。兩年前，我動了第一次大範圍的足部手術，讓我蜷縮起來的腳掌攤平，希望這樣能幫助我在未來站起來走路。

跟其他的限制相比，無法走路感覺起來幾乎不算什麼。沒辦法使用雙臂自己吃東西、洗澡、比手勢、擁抱，是更大的困擾。無法用聲音表達我吃夠了，或是洗澡水太熱，或是告訴其他人說我愛他們，讓我覺得自己喪失了人性。畢竟文字和言語是我們脫離動物的關鍵。上天給了我們自由意志和媒介表達我們的想望，要拒絕還是接受其他人要我們做的事情。少了聲音，我連最簡單的事物都控制不了，這就是挫敗如此規律地在我心中激烈悲嘆的原因。

接著是她如同夜色一般黑暗的姊妹恐懼——害怕每天、未來無力對付發生在我身上的事情；害怕我長大了會被送進終生安養機構，因為爸媽老了，不能繼續照顧我。每次家人出門度假，或是爸爸跑去出差，我都會被送到某間鄉下療養院，想到我可能再也離不開那個地方，我就會滿心恐懼。每天跟家人相處的幾個小時讓我有辦法繼續活下去。

比起其他待過的地方，我最討厭那間鄉下療養院。幾年前，偷聽到爸媽討論明天幾點出發，送我到那裡去，我知道我得要想辦法阻止他們。恐懼在半夜把我吵醒，我察覺我必須永遠擺脫她。豎起耳朵確認全家都睡著了，我掙扎著將腦袋從枕頭上扭進塑膠枕套。枕套在我頭部四周沙沙作響，我用最大的力氣把臉埋進枕頭，告訴自己這樣隔天就不用去鄉下了；很快就能擺脫恐懼。

呼吸越來越快，我開始流汗，腦袋輕飄飄的。終於有辦法逃離恐懼了，我滿心得意。然而這股情緒隨即被絕望取代，我發現我無法成功。無論我多努力，就是無法阻止這副可悲身體的呼吸。隔天，我照著家人的計畫住進鄉間的療養院，每年都會造訪那處一兩次。

「他們比我還有辦法照顧你。」如果是媽媽載我過去，她會一次又一次地對我這麼說。

她總是這麼說，這句話彷彿是咒語，希望能夠驅散在她心中升起的罪惡感。

「你會被照顧得很好。」她很堅持，緊緊攀附著她說出口的字句。

要是媽媽知道我在那個地方受到怎樣的對待，那我很確定她絕對不會說出這種話。但她不知道當我聽她說話時，心裡遭受憤怒與悲傷的撕扯：我氣爸媽要我去那個我恨到極點的地方，也為了媽媽真心相信陌生人比她還會照顧我而傷心。想與她待在一起的盼望在我心中燒起白熱火焰，我好希望她看得見，知道我就是這麼想留在她身邊，對其他人沒有半點興趣。

最後是孤單，或許她是三女神裡頭最恐怖的一個，因為我一直都知道——即使許多人陪在我身旁，她依然會緩緩吸走我的生機。他們匆忙來去，聊天、爭辯、合好又決裂，我能感覺到孤單枯瘦的手指緊緊揪住我的心臟，使我無法動彈。

無論她讓我覺得多麼孤立，她總有辦法找到新花樣來凸顯她的存在感。幾年前，我住院動手術，接受麻醉。當我被推進手術室時，爸媽剛好得去上班。護士托著我的手臂，針尖刺進血管，麻醉科醫師將裝滿白色液體的針管插上。

「祝你有個好夢。」他柔聲說，我感覺到灼燒似的熱氣沿著手臂往胸膛延伸。

等我恢復意識，我正側躺在一張冰冷的病床上。床鋪往前移動，我看不太清楚。我完全失去方向感，掙扎著思考我究竟身在何處。一隻手握起我的手，將針頭插進血管，我用力抓住那隻手，期盼能與外界產生片刻聯繫，好擊退徹徹底底的孤寂。然而那隻手粗魯地掙脫我虛弱的手掌，我聽見腳步聲退開，留我一個人在床上輾轉不安，羞愧不已，心裡想著剛才的舉動有多失禮。

救我一命的是發現孤單也有她的死穴，也就是說她一層層纏繞在我身上的孤立絲線偶爾也有辦法解開。只是我一直搞不清楚脫困的時機。

還記得有一次爸爸聊起某本他同事看過的書，內容是一名男子在長大成人後癱瘓，他抱怨坐輪椅最大的缺點就是別人扶他坐下時沒有擺好位置，害他全身不舒服。我馬上豎起耳朵，因為隨著我漸漸長大，我越來越清楚察覺到人們常讓我坐在自己的蛋蛋上。這是一種非常特別的不適：痛楚還沒麻痺，另一波的疼痛再次襲來，像是在音樂廳裡，女歌手對著愉快的聽眾得意洋洋地高唱內容低級的安可曲。

跟同事聊過以後，爸爸總是格外注意我的坐姿，溫柔地將我放到輪椅上，確認我沒把睪丸壓在身下。每當他這麼做，孤單便會氣沖沖地躲回她獨居的洞窟，因為只要爸爸展現出他在乎我，我們就能一起擊倒孤單。

孔雀開屏

我凝視電腦，命令雙手不要顫抖。一定要循著邏輯思考，一步步解開眼前螢幕上的問題。我得要冷靜，思考究竟能不能完成這個挑戰。

「接下來你要我怎麼做呢？」坐在我身旁的維娜問道。

我還不確定。我盯著螢幕，感覺思緒一頁頁回溯我對這台電腦的認識，那些漫長的時光，看著軟體演練新程式。我很確定答案就在大腦中，只是要想辦法找出來。

那天是二〇〇三年的二月，距離我拿到筆電已經過了一年，接受評估則是將近兩年前的事情了。我跟維娜並肩坐在健康中心的電腦前，她幾個月前到這裡上班，我們還是常常見面，因為健康中心跟我的療養院共用一棟建築物。維娜沒有違背她說過的話，儘管聽了我的告白，她依舊做我的朋友，和以往一般陪我說話。這幾乎是每天都會發生的事情，因此我知道她辦公室的電腦出了問題。

「電腦風扇一定有什麼問題。」她跟我說。

我不認為這是故障的真正原因。自學閱讀花了我不少時間，相較之下，電腦的語言就好懂多了。就跟我學習靠著陰影長度判斷時間一樣，我試著用形狀來記憶字母，現在已經能看懂幾個單字了。是否能喚醒小時候對電器的天賦還是個未知數，但我發現自從清醒之後，我幾乎是憑著直覺理解電腦的運作原理。最近幾個月，我自己學會使用一連串的軟體程式，其中一個程式將我用的圖示翻譯成文字，這樣我就可以寄出電子郵件，另一個程式幫我透過電腦接電話。

「哈囉，我是馬丁．皮斯托留斯。」我的電腦語音如此說：「我無法講話，所以透過電腦說話，會花一點時間，請您耐心等待。」

即便如此，大部分的人還是馬上掛斷電話，因為我的語音太過平板，讓人聽了想睡覺，害他們以為是在跟答錄機說話。不過，有人問我要不要聊聊自己的經歷，於是我得著手解決這個問題。健康中心的員工從療養院這邊聽說了我的故事，請我多跟他們聊聊這套溝通系統。花了四十個小時輸入八分鐘長的演說內容，我發現我的聲音好單調，要是羅密歐用這種聲線傾訴愛意，茱麗葉一定會無聊到死。

於是我開始多方實驗，讓電腦語音聽起來更自然。首先，我在句子中插入間隔，讓語音像是停下來「換氣」。接著我決定矯正我的「美式發音」，念番茄（tomato）這個字的時候，原本會唸成 tomayto，現在努力改成 tomarto，更符合我自己原本的嗓音。我還得要選擇使用哪種聲線：就像有些人打字時會選擇字型，我可以從軟體內建的十多種聲音中選出自己要的類型。我選了叫做「完美保羅」的語音，因為這聽起來很適合我——不會太高亢，也不會太粗魯。

精心修改我的說話方式確實讓我更有信心，然而這無法驅散談話當天填滿我全身的恐懼。我知道房間裡會有許多我認識的人，雙手不斷地顫抖——老問題了——隨著我的焦慮越來越嚴重。在我說話的時候，維娜坐在我身旁，就算是這樣，我的手依舊抖到幾乎按不到開啟電腦的開關。我逼自己深呼吸，啟動螢幕，接著，聽見自己的聲音開始播放。

「哈囉，大家好，謝謝你們今天來這裡。」一聲音這麼說：「我真的很緊張，所以有些東西要先寫下來。」

一句又一句，我描述從接受評估那天開始發生的種種，還有我在那之後學習的事情——軟體與符號，開關跟用頭部操作的滑鼠——等我說完，人們起身為我祝賀，接著他們開始討論我剛才說的話，知道他們的話題就是我的發言，這種感覺真的很怪。我是第一次遇到這種狀況。

我對電腦的長才使得爸爸建議讓我來協助處理健康中心的問題。一定是他提到應該要給我修電腦的機會，維娜才會把我從療養院的教室帶過來。我想我的老師那天一定認為這個世界亂了，竟然有人打算帶她這邊的院生到走廊另一端去修電腦。不過對我而言，這是一個啟示，我等了好久，準備要一展長才。

維娜推著我沿走廊移動，我的神經扭成一團。我好想證明我會的不只是用筆電講話。坐在電腦前，我盯著螢幕。維娜是我的雙手，她照著我的指示用滑鼠深入系統，唸出螢幕上的字，讓我來解決問題。修電腦有點像在走迷宮，或許會走上死路，但最後總能找到出口。我只要相信自己的直覺，順著電腦指令的提示，跟維娜一起花上幾個小時，從第一個問題開始一路處理到第三個問題。

等到大功告成，我開心極了。我做到了！我幾乎不敢相信自己有辦法解決其他人無能為力的任務。我要維娜再三檢查，確認我真的解決了電腦的問題，每次的結果都是系統又能順暢運作。

「馬丁，你做得太好了！」維娜不斷稱讚，對我露出愉快的笑容。「真不敢相信你成功了。就連技術人員都沒有辦法，可是你做到了！」

推我回療養院的路上，她自顧自地笑著，反覆說道：「讓他們見識你的厲害！」即使回到教室裡，我的心情絲毫不受影響。我不再在意自己身處何處。我才不在乎。腦海中只剩電腦螢幕以及內部的運作，我帶著自己跟維娜在閃耀的迷宮中找路。我成功了！

過了幾天，電子郵件系統又出了問題，維娜再次詢問我的意見。我興奮得心跳加速，滿心期盼他們會再找我去幫忙。不過隔了幾天維娜才從走廊的另一端來接我。或許她的上司認為前一回只是僥倖，不確定我有辦法再成功一次。

但現在維娜跟我又一次並肩坐在電腦螢幕前。她問：「要按F1嗎？」

我往旁邊扭頭，告訴她別按。

「F10呢？」

我微笑。

她按下按鍵，我們進入電腦數據機設定的第一層。我知道在找到問題前還要往下挖掘好幾層。看著螢幕，我的心臟跳得像在打鼓；一定要冷靜下來，維持清晰的思路。我得要再次展現自己的能耐，破除一切疑慮，證明我真的知道自己在做什麼。我專心一志，告訴維娜下一步該怎麼做。不知道為什麼，我就是知道要怎麼解決問題。我有這種感覺。有了維娜的幫助，我確定我有辦法深入這台機器深處，揪出一切問題。

這時我感覺到了——跟第一次修電腦那時同樣的情緒。那股陌生的感覺又回來了，宛如孔雀展開五顏六色的尾羽，把我填得飽滿鼓脹，讓我精力充沛。我這才意識到它的身分：自豪。

勇於作夢

有什麼力量比母愛還強大呢？那是撞開城堡大門的攻城槌，是沖走一切的潮水。每當媽媽看向我，她眼中總是亮著母愛的光輝。

「我去確認一下要去哪裡，馬上就回來接你。」她說。

媽媽下車，甩上車門。我坐在副駕駛座，春日暖陽隔著擋風玻璃照進來，逼得我瞇起眼睛。我們來到將近兩年前我接受評估的溝通中心，因為我受邀參加中心的學生參觀日活動，而媽媽堅持要向專家報告我的進展。

「馬丁，你已經努力到這一步了！」她說：「我要去見他們。他們一定會想知道你才用電腦一年多，看看你能做到多少事！」

我知道只要媽媽決定要跟人吹噓，絕對沒辦法阻止她，於是，兩三個禮拜前，等到她從中心回來，我聽她興奮地告訴我發生了什麼事。

「他們想見你。」她說：「他們不相信你進步得這麼快。他們要邀請你參加幾個學生的工作坊。」

眾人的訝異在我的預料之中。即使到了現在，我依然為了有份工作這種小事感到樂陶陶。事實上，每當我被人推進辦公室，做每個禮拜一次的電腦志工，我得要不斷確認自己是不是在作夢。我跟維娜一起幫健康中心修電腦，得知他們要我做除了盯著療養院牆壁以外的事情，我幾乎不敢相信。工作內容很簡單——現在右手臂已經強壯到可以拿起紙張，我負責影印和歸檔，要是有什麼事情超出我的能力範圍，有一個超棒的同事哈薩娜會幫忙。要是電腦出問題，我也會幫忙修理。

這份工作最大的優點就是我終於有辦法離開療養院了。每個星期二，他們推著我穿過建築物之間的門扉，我感覺自己的身體奇異地稍稍倒向以前的教室，然後他們把我轉到反方向，往健康中心前進。離開療養院是人生的岔路；要是現在把我送回去，我一定會死掉。有時候我會猜想那個幽靈男孩的影子是不是逗留在那個我待過好幾年的地方。但我驅散這個想法，既然有了未來，我拒絕掛念過去。

當我更努力使用身體，幾個小地方的力量就越來越強壯。沒有工作的日子，我待在家裡練習電腦。現在我可以做得更穩一些，頸子的肌肉足以在大部分狀況下操作頭部滑鼠，我也開始使用筆電的觸控板，因為右手變得更穩定了。左手還不太能控制，或許我還稱不上是蝴蝶，但我正漸漸破蛹而出。

唯一一個肉眼可見、與過去相連的要素是我還掛在胸前的圍兜。以前我無法控制口水亂滴，流得滿胸口都是，於是一位語言治療師建議在我嘴裡塞滿冰糖，強迫我吞嚥。現在已經不太需要圍兜兜了，媽媽也不想讓我繼續戴，只是我還沒辦法戒掉這個習慣。說不定我是怕假如拆掉圍兜兒，太過信任這股神奇的力量，我又會在無意間失去它。說不定我拒絕放棄這個嬰孩一般的裝束，因為這是我唯一做得到的叛逆，當我察覺自己做決定的意義時，我要好好運用這份權力。每天選擇要不要穿圍兜兒往往是唯一一次做決定的機會，因此我下定決心，一定要將選擇權握在手中。

現在我坐在車裡等媽媽，看著學生在我面前來來去去。溝通中心是大學校園的一個區塊，我的夢想是在這樣的地方學習，因為我知道總有一天，我要成為使用電腦的全職工作者。跟我正在學習的一切相比，有時候電腦看起來像是全世界最簡單的玩意。

我甚至開始幫英國的一間公司測試軟體。我的電腦用的是他們的溝通程式，開始使用以後，我跟媽媽不時抓出軟體中的小問題。製造商原本是透過電子郵件將解決方法傳給媽媽，不過跟他們聯繫的人漸漸變成我。等到他們發現我對那套系統了解得多深，他們要我幫忙測試。我不知道自己究竟為何這麼會用電腦，但我已經不去探究了。人生中常有這樣的時刻，有些事情我無師自通，把大家嚇了一跳。

爸爸有一次來到健康中心的辦公室，疑惑地看著我把檔案照著開頭字母歸檔。

「你怎麼知道哪個檔案要放哪裡？」他很訝異。

其實我沒有細想這件事。我還沒辦法認出每一個字，可是我會把檔名的開頭字母跟資料夾上的字母配對。畢竟字母也是一種符號：A看起來像是雙手在頭頂上合掌的人，M是山頂，S是滑溜溜的蛇。

車門開了，媽媽靠向我。

「你準備好了嗎？」

她把輪椅放在門邊，將我的雙腿移出車外，接著托住我的手臂。我站直身子，跟媽媽互相拉扯，然後才扭著身體坐下。媽媽把筆電放在我大腿上，推我走向建築物，我看著兩年前還不存在的電動門滑開，放我們進入。一名女性指引我們到一個房間裡，送上咖啡，我的雙眼掃過站在一塊聊天的人。其中兩人是男性，他們沒有坐在輪椅上，但手中都拿著類似爸媽以前差點要買給我的盒狀機器。我興致勃勃地看著他們，像是觀察珍稀物種的鳥類學家。我從沒見過跟過去的我一樣沉默的人。

「要幫你準備一下嗎？」我聽到媽媽這麼問。

她推我進入一間小教室，裡頭的桌椅排得整整齊齊，一名女性站在教室另一端的白板前，手中不斷分發紙張。

「你想坐哪邊？」媽媽問，我指著最後一排椅子。

等我們坐定，媽媽拉開筆電包的拉鍊，打開電源，叮叮咚咚的音符響起，白板前的女性抬起頭。她正值壯年，灰髮剪得很短，戴著眼鏡，披肩掛在她肩上。她對我微微一笑，我垂眼，不確定該如何反應。我沒有碰過這種狀況。我沒有坐在一群人之間隨他們學習、討論。我不希望他們注意到我。

媽媽跟我等眾人魚貫進入教室，坐下來。他們相互閒聊、打招呼、微笑，等到每個人都坐好，戴眼鏡的婦人開口了。

「早安。」她微微一笑，「我是黛安．布萊恩，替費城的坦普大學服務。我在那裡負責一個名叫 ACES 的計畫，目的是幫助溝通技術的成人使用者決定並管理自己的生活。

「我相信這樣一來，我們可以幫助新的聲音傳出來，打破套在殘疾人士身上的刻板印象。」

她的聲音好開朗，充滿能量。她鼓勵似地看了教室一圈。

「確實，殘疾人士要面對極大的阻礙。」她說：「像是獲得同等教育的阻礙、家庭支持小孩養育學習的阻礙、擁有價位合理且方便取得的住處的阻礙、接受同等健康照顧和就職機會的阻礙。

「每種殘疾團體都要面臨這些阻礙，然而今天我要探討的並不是這些最明顯的不公不義。我要談的是其他社會強加在人們身上的限制，因為殘疾不只在肉體、認知、感官等層面給予限制，還有一種讓人失能的態度。要是某個人不認為自己可以成功，或者是旁人不期待他成功，他就絕對無法成功。」

我凝視著布萊恩博士。從來沒有聽過誰用這種充滿熱情與說服力的口吻談論像我這樣的人。

「我相信要是殘疾人士擊倒眼前的阻礙，他們一定會察覺到他們有權、有能力跟任何人一樣擁有目標——為此，他們必須勇於作夢。」

我看著布萊恩博士環視教室。

「我這輩子最想見到的人是尼爾森．曼德拉。」她說：「儘管遭到長年囚禁，甚至在剝奪了自由與基本維生營養的時刻，他依舊緊握夢想。曼德拉先生勇於作夢，也不斷追尋自己的夢想，直到看到夢想實現。

「我也見過其他擁有夢想的人。我共事過的上司中，鮑伯．威廉斯是最優秀的一位，他在政界服務，罹患腦性麻痺。他還擁有一份偉大的工作、一隻工作犬、一位深愛他的妻子。

「他度過符合自己理想的人生，而我還碰過更多像他一樣的人。舉例來說，我認識一位音樂家，他的夢想是唱歌，自己設計了溝通裝置幫他圓夢。還有我服務的大學裡的一位講師，她也是腦性麻痺患者，從事自己熱愛的工作。就在我身旁，有一位我深愛的人也勇於作夢：我哥哥的眼睛看不見。

「這些人都擁有傑出的成就，他們最大的特徵就是勇於作夢。這是相當強大的力量，我們都得要學會運用。」

布萊恩博士望向坐在教室前側的一名男性。

「你的夢想是什麼？」她對他提問。

全場的注意力投向這個四肢健全的人，他在座位上不安地扭了扭。

「寫出一本書。」他低聲說。

「那你要如何達成這個目標呢？」

「不太確定。」

布萊恩博士朝著他微笑。

「因此我們得要深入思考自己的夢想。只要我們勇於作夢，就有辦法開始嘗試實現。

「不需要是什麼偉大的夢想。我認識一名女性，她的夢想是訂購肥皂劇雜誌，另一個人想要每個禮拜的晚餐都能吃到通心粉跟起司。

「夢想可大可小，不過最重要的就是你擁有自己的夢想。」

布萊恩博士又看了教室一圈。她的視線飄過一排排聽眾，越來越遠，直到那雙眼落在我身上。

「你覺得你要如何實現夢想？」她問。

大家都看著我。我不知道要說什麼。真希望他們看向別處，別來管我。從來沒有那麼多人一起看著我。我不知道該怎麼辦。

「我想馬丁會說要加倍努力。」媽媽說。

她在幫我說話，試著填滿我鑿開的寬闊空洞。我真想消失。

「可是我想知道**你**的想法。」布萊恩博士注視著我，「你是馬丁對吧？我想聽你告訴我，你覺得一個人想實現夢想必須擁有什麼。」

無處可逃了。教室裡好安靜，我操縱頭上的滑鼠，按動開關。經過感覺像是一輩子的時間，我終於說話了。

「必須要擁有自己決定夢想是什麼的機會。」我的電腦語音說。

「馬丁，這是什麼意思呢？」

我反覆按下開關。

「人們得要幫你找到夢想。要讓他們幫你擁有夢想。」

「不對！」布萊恩博士大喊，「我完全不同意你的說法。馬丁，你不知道嗎？不能要求其他人允許你作夢。你要自己去做。」

我不確定有沒有聽懂布萊恩博士這番話。我這輩子都是吃其他人幫我選擇的食物，在其他人判定我累了的時候送上床睡覺。我穿著他們認為合適的衣服，在他們想跟我說話的時候才聽得到聲音。沒有人要我思考我想要什麼。我不知道自己做決定是什麼樣的感覺，更別說是什麼勇於作夢了。我看著她。我非常清楚其他人的期盼，對自己的想望毫無認識。

她說的是真話嗎？既然找回了自己的聲音，我真的可以開始自己做決定嗎？我才剛開始意識到，在這趟旅程終點或許存在某種我永遠想像不到的自由。我有辦法成為我想成為的人，只是我真的敢夢想那是怎樣的人嗎？

祕密

身為幽靈男孩有個意想不到的好處：人們常會在無意間讓我看見他們的祕密世界。有人從我面前橫過房間時，我會聽見響如子彈的屁聲；看他們屢次查看自己鏡中的模樣，彷彿是想看見更正點的自己會奇蹟似出現。我知道有人挖鼻孔，吃掉他們挖出來的東西，或是調整卡進股溝的內褲再抓抓跨下。我聽過他們一邊踱步，一邊喃喃咒罵。我聽過人們將事實扭曲成謊言，想藉此吵贏對方，爭辯滔滔不絕。

也有人以不同的方式展現自我：他們的撫觸可能溫柔又充滿關懷，或是粗魯又草率；他們可能累得拖著腳步踏進房間。不耐煩的人會一邊嘆氣一邊幫我洗澡或是餵我吃飯；生氣的人幫我脫衣服的動作會比平常還要粗魯。如同微弱電波的幸福感從他們身上嘶嘶竄出；焦慮則體現在數千個細節中，像是啃咬的指甲、為了抑制擔憂不斷撥到耳後的頭髮。

然而，悲傷或許是最難以掩飾的情緒，因為無論人們以為自己壓抑得多好，情緒總有辦法滲透出來。只要能看出那些跡象就好，可是大部分的人視而不見，所以才會有那麼多人陷入寂寞的境地。我想，這就是某些人對我說話的原因：跟其他的生物說話——無論他有多安靜——總比沒有任何對象要好。

薩爾瑪就是把祕密託付給我的人，我剛進這間療養院時，她已經在這裡工作了。在療養院關門休息前，她常常陪我還有其他幾個小孩一起等家人來接。每天下午，我就坐在椅子上，聽走廊末端的白色柵門被人咿呀推開。接著，腳步聲迴盪在走道間，我努力猜測對方的身分：喀啦喀啦的高跟鞋代表柯琳的媽媽來接她了，沉重的軍靴告訴我來者是喬利卡的父親，爸爸輕柔的步伐說明了今天他依舊腳踏實地，而媽媽走得又快又安靜，鞋子幾乎只在地上擦出悶悶的沙沙聲。有時候，我還沒看到人就能猜出正確答案，有時候則是大錯特錯。

每天下午，其他的小孩會一一離開，屋裡漸漸安靜下來：電話鈴聲不再響起，人們不再喧鬧走動；空調關了，我耳邊只剩嗡嗡聲，大腦用白噪音填滿沉默。沒過多久，只剩下薩爾瑪跟我在等人，我很高興是她陪我，因為要是爸爸來得晚了，她也不會生氣。

某天下午我們一起坐著，收音機播出一首歌，薩爾瑪邊聽邊凝望半空中。我感覺得到她今天很傷心。

「我好想念他。」她突然開口。儘管我的腦袋垂往胸口，還是聽得出她哭了起來。

我知道她在說什麼：她的先生過世了。我曾聽過其他人低聲談論。

「他是個好人。」她悄聲說：「我一直想他，每天都想。」

薩爾瑪在我隔壁的椅子上換了個姿勢，椅子咿呀做響。她的嗓子啞了，淚水流得更快。

「我一直忘不了他最後的模樣。我一直在想他知不知道發生了什麼事。他有什麼感覺？他會怕嗎？會痛嗎？我做的夠多嗎？我一直一直想這些事情。我沒辦法不去想他。」

她繼續啜泣。

「只要能多跟他說幾次我愛你就好了。我說的不夠多，現在已經沒有機會了。我再也沒有辦法跟他說話了。」

我坐在薩爾瑪身旁，她哭了一會兒。我感覺到肚子裡揪成一團。這麼好的人不該承受如此龐大的悲傷。真希望能跟她說她是個好妻子——我相信她是的。

破繭而出

度過漫長的孤寂歲月，我還是避免不了一個人獨處的恐懼。上個月，參加過溝通中心的工作坊，我又去那裡參加長達一個禮拜的ＡＡＣ（增擴與替代溝通管道）課程。裡面有像我一樣使用ＡＡＣ的人，也有跟我們一起努力的家長、老師、治療師。但這個課程主要是針對想拿ＡＡＣ學位的學生，我是受到中心主任阿朗特教授的邀請過來。媽媽每天陪我，不過今天早上她得要去電腦器材店，因為我使用的一組開關出了問題。也就是說我得要一個人待在中心裡。

我環視這間坐滿陌生人的教室，發現我沒有任何不受家人或照顧者陪伴的記憶。多年以來，我被逼著獨自囚禁在自己體內，然而一直到現在，我才算是真正的落單。我記不得小時候曾經沿著街道往遠處探險，鼓起勇氣第一次繞過街角。我從來沒有當過跨向成人階段與獨立的青少年，沒有叛逆地在外頭閒逛一整夜。

我好害怕。我該說什麼？我該怎麼做？我坐在教室後方的位置上，希望沒有人注意到我，等到第一堂課開始，我鬆了口氣。接著是休息時間，我知道要是打算加入茶會，就要有人幫我推輪椅、往馬克杯裡插吸管，端到我面前，讓我垂頭喝飲料。所以當一名學生問我要不要去喝茶，我跟她說我比較想待在原處。我不敢接受這個邀約。我不想成為累贅，也不想依靠陌生人。

就在我坐著觀察從我身旁走出教室的人時，看著他們聊天歡笑，我知道我的抵抗一點都不理智。我這輩子都需要別人幫助，才能在所謂的現實世界中行動——換位置、開門、吃東西、喝飲料、上廁所。我不能自己做這些事情，所以要是哪個陌生人想開門，我得要對他微笑；如果有人推我上台階，我得要接受他的幫助，儘管我不需要。除非我開始接受陌生人的幫忙，不然我無法攀越總是有爸媽、熟人陪伴的狹小空間。我在這顆繭裡藏了那麼久，它終於要裂開了，我得要學會不同的方式。

「馬丁？」

我抬眼，看到米雪兒，她是溝通中心的言語治療師，我曾在上個月的工作坊見過她。

「要我帶你去交誼廳喝點東西嗎？」她問。

米雪兒面帶微笑，我放鬆下來，按下一個符號。

「謝謝。」

我無法拒絕的提議

顯然我是稀有的鸚鵡猴子之類動物，專家對我相當感興趣。一半是因為我是AAC的新用戶，也是個青少年，這不是常見的狀況。大部分透過AAC學習溝通的人不是生來就有缺陷的孩子（像是腦性麻痺、自閉症、基因異常等），或是生病（中風、運動神經元疾病）喪失言語能力的大人。我這種半途失語，而非一開始就生病，或是長大後生病、出意外的患者少之又少。更重要的是我的電腦溝通技巧學得又多又快，而且還自學讀寫——這是真正的奇觀，因為許多AAC使用者一直是文盲。所以學生們在課程最後一天聚集過來聽我說話。

「在許多時刻，適應新生活充滿了挑戰與恐懼。」我告訴他們，「有很多我不知道的事情，常常讓我完全無法招架。我處於學習曲線的上升階段，可是身旁的一切都在迅速進步。」

等我說完，學生擠在我身旁恭喜我，坐在他們之間，我的心思飛揚。跟我同齡的年輕人看起來如此明亮，彷彿身上染著彩虹的顏色，笑容可掬，聲音宏亮。為了紀念這一刻，我決定不再穿圍兜，稍微和他們相似一些。

「你好厲害！」我聽見一個美國口音。

愛麗卡是前幾天媽媽去電腦零件店、米雪兒帶我去喝茶那次認識的學生。米雪兒幫我端來飲料之後被其他事情引開，我只能盯著杯子，我沒辦法喝，因為她沒給我吸管。

「你需要什麼嗎？」有人問。

我轉頭，看到一位跟我年紀差不多的女生。她留著短短的金髮，活力從她身上源源不絕冒出。我往下揮揮手。

「在你的包包裡嗎？」

那個女生彎下腰，找到吸管，插進我的馬克杯。

「我叫愛麗卡。」她說：「不介意跟我聊聊吧？」

我喜歡她的直率。愛麗卡跟我說她是從美國的大學來這裡修十個月的課程，在美國，她學的是言語治療，現在來南非上研究所的課。她對我說出一切令我驚嘆不已。沒有多少人能如此輕鬆地陪我說話。

「就算現在是深冬，我還是一點都不冷！」愛麗卡格格輕笑，「我已經很習慣威斯康辛州的酷寒了，這裡根本不算什麼。真不敢相信大家怎麼都看起來好冷的樣子，我只想穿著一件T恤到處跑。」

我們繼續聊到休息時間結束，愛麗卡推我回教室。

「馬丁，跟你說話很愉快。」她說。

在那之後，我們又聊了許多。現在，愛麗卡正對著我笑，她朝我彎下腰，露出調皮的表情。

「我決定要跟你做朋友。」她說。

她靠得更近了些，不讓其他人聽見她說的話。

「不過有一個條件：別讓你爸媽知道。」

我對愛麗卡笑了笑，給了她我的電子郵件信箱，她跑去找其他人說話，阿朗特教授過來找我。

「馬丁，可以的話，我想跟你談一談。」她說：「希望能私下討論。」

我敢保證我的表情一定跟媽媽一樣訝異。我很少跟陌生人一對一談話，不過阿朗特教授神色堅定，坐到我身旁，於是媽媽放我們兩個說話。

「很高興你來參加這個禮拜的課程。」她說：「你在這裡過得愉快嗎？」

我點頭。

「很好，你對於AAC使用的深入了解是無價之寶，你下的苦功以及驚異的成果也讓我們印象深刻。」她這麼對我說：「因此我想跟你談一談，你母親說你每個禮拜會當一天的辦公室志工，而且做得很愉快。

「所以，我想請問你能不能也來這裡工作呢？第一個月先從一週一個上午開始，看看狀況如何，之後再來討論長久合作的可能。你覺得如何？」

我盯著阿朗特教授，不敢相信聽到了什麼，驚訝到無法分神看電腦一眼，更別說是要它幫我回應了。我的世界不只是漸漸敞開——它要爆炸了。

往前一跳

「馬丁，你有什麼看法？」

瓊期盼地看著我，她是溝通中心的職員，也是我的新同事。我不確定該如何回應。瓊想知道，我認為怎麼幫助最近來這裡接受評估的一個孩子才最好。但我很不習慣被人問起自己的意見，也還不知道要如何好好回答。這裡的工作經驗跟健康中心很不一樣，那裡有很多人不確定要怎麼跟我這種人互動。

「可以幫我找一下一月的檔案嗎？」他們走進我們的辦公室，會直接詢問我的同事哈薩娜。

即使她忙翻了，總是有人不會找我幫忙。要花點時間才能讓大家信任我的專業，現在我很高興能得到他們的信賴。

不過在溝通中心，打從我抵達的那一刻起，人們總會問我的想法。我實踐了他們的理論，他們很想知道我的意見。起先我有些不安，不過已經慢慢習慣了。

來這裡工作的第一天，我坐在當年夏奇拉幫我評估狀況的房間裡，這才發現我完全不知道會遇到什麼事情。我得要自己決定如何開始、完成上級給我的任務，比如說替中心的報紙寫一則由符號構成的故事。

第二個禮拜，我搬進一間辦公室，女同事名叫莫琳。我很快就跟她成了朋友，到了第三個禮拜，我發現身處在一個沒有人怕我的地方，這種感覺實在是爽快無比。

現在是第四個禮拜，我來中心上班，今天早上是試用期的最後一天——要面對真相了。接著就要跟阿朗特教授會面，為了幫我冷靜下來，愛麗卡推著我穿過校園去買咖啡。我們已經是好朋友了。這是一個美麗的春天早晨，樹上結滿花蕾，頭頂上的藍天明亮清爽。

「你覺得你會拿到這份工作嗎？」她問。

我膝上放著一大片塑膠薄板，上面印滿英文字母，還有幾個常用字詞，像是「謝謝」、「我想要」。現在我常常使用字母板，拼字能力進步許多，因為筆電不一定總是放在我手邊。識字能力是一門不太精確的學問：閱讀對我來說還有些困難，書寫卻容易多了，我也不太清楚原因為何。或許是因為書寫意味著將字彙拆解成一個個字母形體，不需要讀出一整串融合成一個字的符號。

「希望可以。」我指著面前的字母，「真的。」

「我想你沒問題的。」

「怎麼說？」

「馬丁，因為你很聰明啊！」

我不太確定。待在辦公室裡只讓我意識到我與旁人之間的鴻溝有多深。我對童年受過的教育毫無記憶，大腦是一片散亂著各種片段資訊的垃圾場，我根本不知道那些東西是打哪來的。我不斷覺得自己比過去還要落後。

愛麗卡跟我回到中心時，爸媽已經到了，我們三個一起去見阿朗特教授。

「我得要向三位坦言，這種合作方式通常無法持續。」爸媽一坐定，她馬上開口。

我心一沉。

「不過，馬丁，我們想要提供一個有薪職位給你。」阿朗特教授笑著說：「我們認為你有辦法給予我們的研究相當有價值的協助，希望你能成為這裡的正式成員，一個禮拜工作一天。你覺得如何？」

「太好了！」爸爸高喊。

他對我燦笑，媽媽的表情也亮了起來。

「不過，這個職位有一些條件，要是你成為我們的員工，你必須要盡可能獨立。」阿朗特教授補充幾句，「我們可以盡力協助你，但有一個東西我們無法提供——你能自行操控的電動輪椅。目前你的輪椅需要旁人推動，可是在中心工作時，不一定每次都能找到人幫忙。」

我隨著阿朗特教授的說明點頭。

「馬丁，我會這麼說是因為，如果你必須仰賴其他工作人員協助，你的工作就做不下去了。」

我望向爸媽，祈求他們會答應。

「這點我們可以理解。」媽媽說：「我相信馬丁非常樂意盡所有能力來幫你們。這個工作對他來說意義重大。」

我點頭。

「還有一件事。」阿朗特教授說：「我想你得要考慮採用更有專業形象的衣著，或許襯衫和長褲是不錯的選擇？」

我垂眼盯著身上熟悉的T恤跟慢跑褲。媽媽像金魚一般嘴巴開開合合。

「你們可以接受嗎？」阿朗特教授問。

我指著字母板上的一個字。

「好。」我回應。

「那就這麼說定了。」她微微一笑，「歡迎加入我們的團隊，馬丁，我很期待下個禮拜能看到你來。」

爸爸推我到走廊，等到遠離辦公室，媽媽才開了口。

「你的衣服？」媽媽難以置信地叫道：「你的衣服有什麼問題嗎？」

她聽起來有些生氣。衣服一直都是媽媽買的，我從來沒有多想什麼。

「你們有沒有聽到她說這種合作方式通常無法持續？」媽媽繼續說：「那是什麼意思？」

「我想她是要表達雇用殘疾人士是很大的挑戰。」爸爸柔聲說。

「是喔，她以前沒有遇過像馬丁一樣的人嗎？」媽媽怒吼，「別人做得到的事情，他也做得到。你會證明給他們看，對吧？」

我們來到中心門口，爸媽低頭看著我。距離我第一次來這裡接受評估那天已經過了將近兩年。

「嗯，我們會讓你自己面對人生。」爸爸捏捏我的肩膀，他緊握的手掌無聲地傳達出他的興奮。

「孩子，你會證明那些懷疑你的人都錯了，對吧？」媽媽笑著說：「我知道你會的。」

我看著他們，幸福在我心中炸開。希望能讓他們以我為榮。

站在海中

身為幽靈男孩時，我極少瞥見爸爸的情感。有一次，他在大家都上床睡覺以後走進客廳，我感覺到他在黑暗中散發絕望。

「馬丁？」他看著我。

我當然沒有回話。爸爸坐在椅子上開始說話。他盯著窗外的夜色，告訴我在鄉下度過的童年時光。在他的成長過程中，我的爺爺一直想當農夫，最後卻進了礦坑。即使是如此，他依舊盡力提供家人各種食物，像是馬鈴薯、豌豆、洋蔥，還自己養蜂採蜜。他也養牛來擠奶，做成各種奶油，其中一頭牛惹火了爸爸，讓他做了件難忘又幼稚的壞事。在這個萬籟俱寂的夜裡，他說出那件事。

「我拿棍子敲打一頭牛。」爸爸柔聲說：「我已經記不得為什麼會做出那種事了。我割傷了牠的眼皮，我真是不應該。」

他沉默了好半晌。

「不知道為什麼，現在我一直想起牠，大概是因為想到那一天，我就會發現連一頭牛的反應都比你還要大。

「我真的不懂為什麼會這樣。為什麼我的兒子可以一動也不動，安安靜靜過了那麼多年？」

爸爸大口大口吐出沙啞的呼息。我好想安慰他，可是我什麼都做不到，只能看著他靜靜坐著，直到他的呼吸穩定下來。然後他起身，彎腰親親我的額頭，雙手輕輕環著我的腦袋。他抱著我好幾秒，這是他每天晚上都會做的事情。

「孩子，我帶你去床上吧。」他說。

爸爸照顧我這麼久，這是他唯一一次對我顯露出他不時浮上心頭的絕望。但我一直沒有察覺他那股毫不動搖的堅強是如何支撐著我，直到二十五歲那年，我第一次跟家人出門度假。

他們出遠門的時候，我通常會被送去過夜型的療養院，不過這回他們帶我一起去海邊。我超興奮的。我沒有看過海，那一大片翻騰的波浪令我屏息。我難以置信地盯著海面，不知道是該驚嘆還是該害怕。大海讓我著迷，同時也引起我的厭惡。多年來我學會去喜愛被水托住、讓浮力支撐身體，沒有別的方式能讓我如此自由。可是想到我對它毫無招架之力，沒辦法在下沉時踢腿打水，浮上水面，我總是怕得要命。

當爸爸把我的輪椅推向浪花邊緣，聽著海浪拍打岸邊的聲音，我心裡既興奮又害怕。接著，他扶我站起來，在沙灘上拖著我往海中前進。離海水越近，我就越害怕，爸爸一定察覺到了。

「馬丁，放輕鬆。」爸爸說了一次又一次。海浪捲上我的腳。可是我聽不進去。我面對大海，腎上腺素在體內鼓動，無力感膨脹到前所未有的程度。我知道，只要它想，隨時都可以把我帶走。

爸爸領著我蹣跚地往水中踏出幾步。

「你很安全。」他不斷說著。

當海水繞著我的腳掌和雙腿，我怕死了。我相信我會被沖走，而我別無選擇，只能隨著浪潮漂遠。突然間，我感覺爸爸朝我靠得更近一些。

「你真的以為我會放手嗎？」他的喊叫聲壓過海浪，「你以為過了這麼多年，現在我會讓你出事嗎？」

「馬丁，我就在這裡。我抱著你。我不會讓你遇到任何事。你不需要害怕。」

就在這一刻感覺到爸爸的雙臂將我抱起，以自己的重量穩住我，我才知道他的愛足以保護我不被大海帶走。

她回來了

我在黑暗中睜開眼睛，心臟怦怦直跳，恐慌填滿我全身。我想尖叫、吶喊，吼出在我血管裡奔流的冰冷恐懼。

我轉頭看時鐘。

清晨五點，這是我今晚第四次醒來，距離我上次睜開眼睛、逃離夢境只差了四十七分鐘。今晚的夢境格外惡劣，不知道它們會不會停歇。世界安穩沉睡，我在空虛黎明的灰暗光芒中醒來，這是我最孤單的時刻。

這次把我驚醒的惡夢跟前一場夢大同小異。夢總是如此。如果不是恐怖到極點，就是無聊得可以猜到下一步發展。

她站在我面前，俯視我的臉。我知道她要做什麼，我想把她推開，可是我做不到。我的手臂一動也不動地貼在身側，她的臉越來越近。恐懼從我喉中湧出，我真想求她放我一馬。

這時我醒了過來。

今晚平凡無奇。無論我多麼努力，想把過去壓到底下，它總是從隙縫中冒出來，我無法用工作跟家庭、中心的待辦事項、我想體驗的事物來填補那些思緒間的空隙。最讓我疲憊的是她不只在夜晚找上我。在普通的日子裡，生活中有數千個觸發回憶的刺激點等著我；那些沒有人注意到的小事將我帶回過去：聽見購物中心播放的古典音樂中的輕快音符，我馬上回到鄉間療養院，像動物一般困在屋內，一心只想逃走。

「這裡真是安穩。」媽媽送我到那裡的時候總會這麼說。

我們進入療養院，韋瓦第或是莫札特的和緩樂曲從裝設在某處的音響流出，我望向媽媽，求她看透隱藏在音樂背後的真相。

所以聽到古典音樂，我就會彈回過去。或是看見讓我想起傷害過我的人的車，我又會回到那一刻：心跳沉重，冰冷的汗水流過皮膚，呼吸加速。

似乎沒有人注意到我的狀況。我真的那麼擅長偽裝情感，連如此激烈的恐懼都能藏得嚴嚴密密？我不知道自己是怎麼做到的，但我就是有辦法。我只能依靠自己，努力回到現實，提醒自己過去已經被我拋在腦後了。

現在我躺在床上，試著穩住心跳。無論有多怕被送回那個極力遺忘的世界，我一定是又睡著了。我希望明天工作的時候可以開朗又清醒。我不能任由發生過的事情毀掉自己的機會。我不能讓它打倒我。

我閉上眼睛，卻還是看到她的臉。

派對

站在我面前的女生搖搖晃晃的，她的眼神迷離，唇邊帶笑。

「你好帥。」她說：「我要跟你玩。」

音樂從音箱裡砰砰震出，節拍有如鐵鎚，房間裡都是我不認識的學生。我跟愛麗卡來參加校園裡的派對，另外還有她介紹給我的兩個朋友大衛和葉特。

我不太相信我竟然能來到這裡。派對的主題是「叢林」，我打扮成叢林之王，頭上戴著用香蕉葉做成的王冠。我甚至在眾人輪番邀約下第一次喝酒，大家問我要喝什麼，我請愛麗卡幫我拿萊姆酒混可樂。

「你覺得如何？」我啜飲一小口，她笑著問我的感想。

酒精填滿我的嘴巴，接著衝進鼻腔。強烈又刺激，我不喜歡這種滋味。我不由衷地笑了笑，愛麗卡穿著土著的綁帶裙，脖子上掛著她的絨毛猴子玩偶莫里斯。我垂頭喝完飲料。我想用最快的速度擺脫這杯怪異的調酒。

「慢慢喝！」愛麗卡邊笑邊尖叫。

我又喝了一大口，馬上吞下。

「要不要幫你拿一般的可樂？」愛麗卡問。

我對她微笑，她消失在人群中，不知道她到底找不找得到回來的路，也不知道會不會有其他人跟我說話。我的字母板攤在大腿上，準備聊天，可是我不確定別人看不看得見坐在輪椅上的我，屋裡太擠了。這時，站在我面前的女生終於發現我的存在。

「你是什麼星座的？」她一邊問著，朝我湊過來。

她身穿金色連身裙，頭上戴著蝴蝶翅膀。她留了一頭黑髮，滿嘴白牙。她好漂亮，眼神充滿善意。

「KAPPRYKORN。」我用字母板拼字。

「廢物（Crappy）？」

「KAPPRYK……」

「喔！你的意思是魔羯座（Capricorn）？」

我點點頭。我的拼字還是有點菜，跟我說話的人得要運用想像力。

「真不巧。」女生說：「我是天平座。」

這是什麼意思？我看著她，思考該如何回應。她喝醉了。為什麼要跟我聊星座？這只是我約她出去之前必須填補的白噪音？我對於男女之間的相處方式一竅不通，只看過電視上的戲碼，或是從其他人生活中窺視到的片段。但我慢慢發現，想跟女性用朋友以外的方式說話，就像是使用我幾乎不知道的語言，要我說出來更是不可能。這個女生剛才說的是真話嗎？她真的想跟我玩？

當然了，我手邊也有跟女性說話時可以使用的字彙，媽媽跟我在我的字彙表中輸入了性與交往相關的字詞。我們無法避免這個主題，它們比擁抱、親吻還要稍微更進一步。即使是媽媽負責輸入這些新字彙，我知道我自己也想要擁有它們，因為性給予我的刺激就跟其他二十幾歲的男性一樣強烈。大家以為像我這種人都是清心寡慾，但他們錯了。

在我剛清醒的那段日子裡，我會倒數還有多久才能看到週末的法國電視劇，因為我知道我會看見女性穿著緊繃的馬甲，胸部都要擠出來了。那些影像讓我察覺到從未有過的感覺，我很喜歡。性覺醒讓我知道我並沒有死透。開始學習溝通後，我想得更多了，盼望未來某天會有女性願意跟我在一起。

「該從哪裡開始呢？」媽媽坐在我身旁陪我建構新的表格，她以最果決的語氣問道：「勃起？」

至少她不用解釋這個詞。我跟其他人一樣有這種生理反應。

「陰道。」

這也不用說明。順著這個主題，我學起了大部分的字彙。

不過我聽得出來媽媽的聲音越來越大，希望大衛沒聽見我們在幹嘛。

「高潮。」媽媽大聲說。

「射精。」

「精液。」

我滿臉通紅，擺手要媽媽別說了。

「馬丁，不行！」她說：「你必須知道這一切。這很重要。」

媽媽繼續唸出跟性愛有關的字眼，時間幾乎靜止了。每過一秒鐘，我就更希望她能停下來。不知不覺間，我成了她的人質，她要確定我擁有足夠的資訊，不顧我的抗議，直到她滿意為止。我要她把表格藏在最深處，只有我能找得到。

當時我想我應該不會常常用到那些字彙，現在看著面前的女生，我證實了過去的猜測。表格上的字詞太過冰冷，活像是醫生在解釋病情。跟女性說話的重點在於理解字句之間的空隙，而不是她說出口的話，還得翻譯擁有各種意義的沉默。但我根本不知道要怎麼做。我什麼都不懂。這個女生希望我親她嗎？如果她這麼想，我要怎麼做？她要我貼近她呢，還是坐在原處等她親我？如果她有這個意思，我要怎麼親吻？我從來沒有親過任何人。腦中一連串的問題越滾越大，幾乎要停擺了，就像是要電腦做太多事情，它就當機給你看。

「你知道魔羯座跟天平座很不合嗎？」女生突然發問。

我真的聽不懂她在說什麼。我決定換個話題。

「妳修什麼課程？」我用字母板拼寫。

「經濟。」

我不太確定經濟學家長什麼樣子，可是我想他們應該不太會在頭上戴蝴蝶翅膀。

我沉默地思考要說什麼，女生在我面前轉身。

「我要去跟我朋友說話了。」她又突然丟出一句，「掰。」

她歪歪扭扭地橫越房間，我又被拋下了。我太難相處。我到什麼時候才能覺悟呢？視線掃過房間，我看著男男女女跳舞、聊天、把彼此逗笑、貼近對方。一對男女正在接吻，另一名男子伸手環上女生的肩膀。真想知道我有沒有辦法學會這些讓我進入他們世界的密碼。

「你還好嗎？」

是愛麗卡。至少跟她相處起來很簡單，因為我們都知道我們不會發展出友誼以上的情感。愛麗卡在我心中占著一個特殊的位置，過去三個月來，她讓我見識到這個世界有多麼繽紛。

在我們認識之前，爸媽會帶我出門買東西、看電影。我知道我永遠不會忘記第一次身處那個幽暗世界，人們仰望螢幕，音樂響起，跟摩天大樓一樣巨大的臉龐映在螢幕上。我幾乎不敢相信那是真的。為什麼周圍的人幾乎面無表情呢？他們臉上沒有半點著迷或喜悅，原來習慣到了一個程度，你就不會注意到那些喜悅了？

可是在愛麗卡身旁，我看見跟我同齡的年輕人是如何生活。我多了在麥當勞吃漢堡、在購物中心瞎逛整個下午、吃她剛烤好的餅乾的體驗。我們還參觀過植物園、孤兒院，擁抱那些少了人類溫暖撫觸的棄兒。我很了解他們的感受。

這些都讓我看得目不轉睛，愛麗卡似乎是樂在其中。她很特別——除了家人、收錢照顧我的人以外，她是第一個沒有多問就接納我的肉體限制的人。在愛麗卡身旁，我知道這些限制只是我的一個面相，不代表完整的我，而且她對待我的方式跟其他朋友沒有兩樣。她的話語、眼神從沒讓我覺得自己是個負荷，讓她很沒面子。到她的公寓過夜，即使得要扶我上廁所、幫我換衣服，她做得很輕鬆。我分辨得出誰是強忍著不快給予照顧，不過在愛麗卡身上這根本不是問題。或許這就是我能在她的住處睡上幾個小時、難得不受夢魘侵襲的原因。

「準備離開了嗎？」愛麗卡問。

我們跟大衛還有葉特一起離開派對會場，過馬路到愛麗卡住的公寓。來到公寓樓梯前，大衛和愛麗卡扶我站起來，撐著我一階階往上移動。我笑著聽其他人聊起誰在哪裡跟誰做了什麼事情。真希望我能聽懂他們在聊什麼。

「抱歉，或許這不是最好的派對初體驗。」進了房門，愛麗卡說：「音樂很爛吧？」

我不太清楚，不過那是一場難忘的派對。

漢克與愛麗葉塔

我對男女之間的愛情很感興趣：它像生物一般消長、流動；它是如何展現在神祕兮兮的微笑間，或是苦悶的對話裡。或許愛情如此吸引我是因為它赤裸裸地提醒我有多孤單。

第一次看見愛情，是在我清醒之後沒多久。當時有個名叫愛麗葉塔的女性在我的安養院打工，她兒子賀曼也是這裡的院生。愛麗葉塔的女兒叫安雅，她大概三歲，那天，她在安養院跟我一起等我爸爸來接我。我知道愛麗葉塔的丈夫漢克再過不久就會來接他的家人回家，我也知道他來的時候我的腸胃會興奮得扭成一團，因為我會看見他掛在腰間的手槍。漢克是警察，無論看過多少次，我總是無法相信我有幸看到真槍就在我眼前。

看到我躺在地墊上，漢克知道愛麗葉塔要等到我被接走才會離開。我看他親吻愛麗葉塔，坐到桌邊，和平時一樣攤開報紙。賀曼跟安雅在門廊上玩耍，愛麗葉塔踏入陽光，看看他們的狀況，我盯著她胸部的輪廓從輕薄的上衣布料底下透出來。

「今天還好嗎？」愛麗葉塔回到屋內，漢克開口問。

「很漫長。」她一邊回應，一邊收起一些玩具。

他們沉默了會兒。

「回家路上要去超市一趟。」愛麗葉塔心不在焉地說：「你想吃什麼？」

漢克看著愛麗葉塔。

「妳。」他的嗓音比平常還要低沉。

漢克要怎麼吃掉愛麗葉塔？我不懂他的意思。她停下手邊的工作，望向他，輕笑一聲。

「再看看囉。」

漢克和愛麗葉塔相視而笑，時間彷彿驟然停止。我知道我看到了不同的東西：大人的祕密世界，隨著我的成長，我開始懷疑是否真的有這個世界。我知道我的身體起了變化，坐了幾年的椅子漸漸變小，他們定期幫我刮鬍子。這時我瞥見大人之間的情感交流，這是過去從沒看過的景象。他們激發了我的興趣。

現在漢克跟愛麗葉塔的聲音有些不同，其中的柔和，以及他們臉上如出一轍的笑容。我不懂那是什麼，但就在漢克看著微笑的妻子時，兩人之間的空氣一瞬間震盪起來。接著他們別開臉，那一個瞬間消失了。

「說說他們的事情吧。」漢克對著空蕩蕩的房間比劃。

他們恢復原本的樣貌，速度很快，好像剛才去了趟我認不出來的地方。

「誰？」

「這裡的孩子——我每天都來，對他們卻一無所知。」

愛麗葉塔坐到漢克身旁，說起幾個我熟識的孩子：羅比在他父親的車子撞上運煤貨車屁股時受傷，現在每天都會哭上好幾個小時；凱緹生來就罹患某種退化性症候群，好喜歡吃東西，因此得到「小胖子」的暱稱；珍妮佛的母親在懷孕期間生病，使得她的腦袋只有雞蛋大小，每天傍晚看到她父親就會高興得尖叫；艾莫、薩博、提安；朵兒希、約瑟夫、潔奇、南丁，他們都有自己的故事。還有來沒多久，我還沒記住他們的名字就離開的孩子，像是那個天生學習障礙的小女孩，她被叔叔強暴，那個殘忍的傢伙最後還點火燒她的外陰。

「那他呢？」漢克終於指向我。

「馬丁？」

「嗯。」

愛麗葉塔把我的故事告訴他，漢克靜靜聆聽，直到她說完。

「他最慘。」他看著我。

「為什麼？」

「因為他不是生下來便是如此。他曾經健康過，而他的爸媽得要眼睜睜看著自己的孩子受苦。我不知道我能不能忍受這樣的折磨。」

愛麗葉塔一手環抱他，兩人一同看著我。

「等到真的遇上了，我們才會知道自己的忍耐限度。」她柔聲說。

治療師

看過漢克和愛麗葉塔的祕密世界，我開始四處尋找愛情的蹤跡，這才發現那些都是極度稀少的景象。愛情跟我所知道的一切完全不同，我好想再多看一眼。等待多時，我終於在十九歲那年再次看見愛情。

事情發生在爸爸為了公務與一名陌生男子見面之後，兩人一起吃午餐，對方找爸爸說話。

「你兒子過得如何？」他問。

「哪一個？」爸爸訝異地回應。

「快死的那個。」

被人問起家中最大的隱私，怒氣湧上爸爸心頭。不過對方的態度引起他的興趣，那天晚上，我聽到他向媽媽轉達中午的談話內容。

「他想見馬丁。」我聽爸爸這麼說：「他是信念治療師，相信他可以治好馬丁。」

媽媽沒有理由拒絕這個請求，因為她早就接受我的神祕疾病永遠無法靠傳統醫藥治好。因此，兩三個禮拜後，爸爸帶我到市郊的一間公寓，一名滿頭灰髮的矮小鬍鬚男在那裡迎接我們。

他說他名叫戴夫，我馬上就看出他是個好人：他凝視我的雙眼充滿光芒。我被抱出輪椅，躺到床上。戴夫陷入沉默，閉上眼睛，雙手懸在我胸口上方幾公分處。他的手在我的身體上下移動，繞著我凋零的身軀輪廓，卻完全沒有碰到我。我感覺皮膚泛起刺痛的熱流。

「你兒子的靈光碎了。」最後，戴夫對爸爸說：「這是很罕見的狀況，只會隨著極大的創傷出現。」

戴夫又閉上嘴巴，在接下來的一個小時裡，他只跟我爸爸說他認為我的胃有些問題，他感覺到那裡傳來痛楚。我不懂他怎麼會知道，沒有醫生看出這個狀況，好恐怖。可是戴夫沒有多說什麼，再次陷入沉默，繼續做事。

等到戴夫終於結束，爸爸問：「我要付多少錢呢？」

「不用。」在接下來的三年內，他每個禮拜來見我，從未跟我爸媽討過一毛錢。感覺戴夫來治療我是為了回應天啟，那是一種他不得不回應的強烈信念。

每次見到他，他總是露出極度專注的表情，努力開啟我身上填滿自癒能量的深沉蓄水池——他相信我擁有這股力量。他的雙手在我身體上方的空氣中移動，描繪出他聲稱遭到病痛破壞的靈氣。他的表情安穩放鬆，毫無改變，雙眼總是閉著，一心一意地治療我。等到療程結束，他的五官又會恢復原本的生動。

幾個月、幾年過去了，我身旁的人很清楚我的狀況沒有任何改善，然而戴夫的信念從未動搖，他繼續每個禮拜來看我，彎下腰，雙手浮在我身上，露出我見過最平靜、最專注的表情。

我越來越期待見到他，因為他越來越會跟我說話、歡笑、開玩笑，說起獅子跟其他動物的故事，真希望他有一天能把那些故事寫成童書。我躺在床上，他試著治療我，字句隨著安撫人心的微笑飄出，其中笑語不斷。

跟戴夫認識兩年後，他跟治療師同伴英格麗結婚，他們偶爾會一起治療我。某天早上，我躺在床上仰望他們，兩人突然停下手邊的動作，凝視彼此，世界頓時靜止，就像是漢克跟愛麗葉塔看著對方的那一刻。戴夫和英格麗沒有理由停下來，也沒有任何跡象提示他們接下來要做什麼。彷彿一顆球在落地前多懸浮了一刻，時間慢了下來。他們四目相接，傾身親吻，情緒在兩人之間爆出火花。

「我愛你。」他們喃喃低語，笑了。

我知道我又看見了那個祕密世界，真希望我能搞懂。我不知道人與人之間會發生什麼事情，感覺好陌生、好神祕，宛如靠著意念創造出某種事物的鍊金術。但我只在戴夫跟英格麗身上看過一次，後來才知道那股力量一直都存在。

大概六個月後的週末，爸爸開車載我到戴夫家門口，發現一輛沒看過的車子停在車道上。

「戴夫，你發財了嗎？」爸爸一邊笑著說，一邊扶我下車。

「不是啦！」戴夫回應，「那是我老闆的車，他週末要帶太太出遠門，我開車送他們去機場，明天還要去接他們。」

爸爸推我進屋，跟戴夫聊起地球另一邊的種種。

「你們有沒有在電視上看到照片？」戴夫問我爸：「太詭異了。」

我知道他們在說什麼。戴安娜王妃死於車禍，隨著她的死亡傾瀉而出的情緒橫掃南非家家戶戶的電視螢幕。我看到花束高高堆在英國皇宮的庭院裡，現在想起來，那是多麼強大的愛，全都獻給了一名女性，她曾經觸碰到那麼多人的生命。

戴夫的治療結束後，他說下個禮拜見，跟我們道別。不過兩天後，金姆來療養院接我回家，爸媽等在家裡。我馬上就知道大事不妙。

「戴夫死了。」爸爸對扶我下車的金姆匆忙解釋。

聽著爸媽向金姆說明昨晚的事故，我胸口好痛。戴夫跟英格麗依約開著那輛賓士要去機場接他老闆夫婦。然而就在他們倒車開出自家柵門時，幾名男子跳到他們面前，要他們交出車子。就著車頭燈的光芒，戴夫跟英格麗看見他們手中有槍。搶匪還要他們交出珠寶，戴夫默默遞出他的手錶和婚戒，希望對方能夠滿意離去。可是突然間，其中一人毫無預警地扣下扳機，一槍射中戴夫的額頭。他往前癱倒，另一輛車開過來載走搶匪。即使緊急搭乘直昇機就醫，戴夫依然沒有撐過去。

「好恐怖。」媽媽傷心地說：「他們怎麼做出這種事？他是個好人啊。」

聽到噩耗，我無法呼吸，無法相信戴夫的人生就這樣蠻橫地終止。真是不公平，不像我，有時候想要放棄這條爛命，總是無法如願，戴夫是如此熱愛自己的生命，卻突然死去。我又想到英格麗，想到被一顆子彈終結的愛情。我依舊不太懂幾個月前在他們之間看到的情感，但直覺告訴我，她的悲傷絕對龐大到無法承受。那群搶匪一直沒有落網。

逃出籠外

學習溝通就像沿著道路旅行，卻發現渡河的橋樑被沖毀了。即便現在我的表格裡有數千字彙，還是有許多腦海中的字詞不在上頭。就算學會了那些字，我要如何將思緒轉化為符號，或是把情緒捕捉在螢幕上？空有字彙，距離說話還有好長一段路要走，我發現言語的浪潮起落、節奏、舞步幾乎無法掌握。

想想一名男子跟妻子在餐廳裡吃完結婚紀念日大餐，服務生送上帳單，他一挑眉。

「少開玩笑了！」他看著帳單說道。

他的妻子可以從他的語氣和表情判斷這句話是在吝嗇地抗議金額太高，或是在對自己的另一半調情，意思是他願意為了摯愛耗盡家財。可是我無法狠聲放話，或是開心地尖叫；我的字句永遠不會隨著情緒打顫，不會在準備說出笑話前期盼地上揚，或是氣得壓低嗓音。我只能毫無表情地吐出一個個電腦語音。

除了語氣，還有空間。過去我常常作上幾個小時的白日夢，思考要說什麼，在腦中永無止境地模擬對話。但是能說話以後，我不一定有機會說出我想說的話。我的對話非常緩慢，要耗費大量時間和耐性，很多人不一定等得下去。跟我說話的人得要坐著等我在電腦裡輸入音節，或是指出字母板上的符號。人們往往難以忍受沉默，不常找我說話。

工作六個多月，我有了朋友跟同事，在外頭認識陌生人，也和他們互動。在過程之中，我學到人們的聲音會形成天衣無縫的循環，句子彼此重疊。可是我打斷他們的節奏，搞得亂七八糟。大家得要刻意看著我，聽我要說的話。他們必須留給我一些說話的空間，因為我沒辦法即時插話，許多人又不想聽我創造出的沉默。我懂，因為我們所處的世界很少聽不見外在的聲音，無意義的閒聊以外的空隙往往都被電視機、收音機、電話、車子喇叭填滿了。跟我說話時，沉默跟字句一樣重要，我會留意對方是否真正聽進我說的話，因為我的字字句句全都經過細細挑選。

我不像自己以為的那樣多話。家人在晚餐桌上閒聊，我通常保持沉默；同事說起他們的週末計畫，有時我不會加入。大家不是故意對我冷淡，他們只是沒有想到要停下來讓出時間給我。他們假定我加入了他們的對話，因為我跟他們共處一室，但其實我沒有。我說話的最佳對象是深知我狀況的人，他會事先料到我打算說什麼。

「你想去電影院？」看到我指向「電」跟「我」，愛麗卡會這麼說。

「你覺得她很可愛？」看到我對著路過的女孩子微笑，她會這麼問。

「水？」點出電腦上的飲料表格時，她會主動詢問。

我喜歡愛麗卡這樣，因為我跟所有的人一樣想偷懶。我的人生非常緩慢，像是一個需要尿布、奶瓶、吸管、遮陽帽才能出門的巨嬰，但這不代表我喜歡這樣。所以遇到能幫我稍微加速的熟人，我才會這麼開心。他們似乎不擔心我會因為別人插嘴而生氣。只要他們知道我很享受周圍對話中的默契和巧妙的洞察。

有時候我會想知道旁人是否認為我有幽默感。喜劇效果最重要的就是時機、迅速的回應、表情，我只能做到最後一項，可是前面兩個對我來說也是大問題。熟人才知道我喜歡開玩笑，平時的沉默容易讓人以為我很嚴肅。有時候，其他人似乎還是會捏造我的個性，在我無法溝通的數年間也是如此。在大家眼中，我常常是一張白紙，讓他們寫下自己的台詞。

「你人真好。」常有人這麼說。

「你的個性真是溫和！」好多人對我說。

「你真是個好人。」還有人輕聲說道。

但願他們知道那些不時在我血管中奔流的噬人焦慮、熾烈焦躁、心癢的性慾。我不是他們心目中的溫文啞巴；我只是運氣好，不會在不知不覺間勃然大怒、哭訴抱怨，透露出情感。現在我常發現旁人會把對我的想像投射到我身上。

只有在我沒跟他們說話時，其他人才會豎起耳朵急著知道我說了什麼。不是只有小孩子會瞪大眼睛暴露天生的偷窺欲望——大人只是掩飾得比較好。舉起身上最有活動力的雙手，用字母表拼字的時候，他們常常盯著我看。左手還是不太可靠，我用右手指著字母板上的格子，操縱電腦按鍵。可是我沒辦法緊緊握住馬克杯；雖然能將小塊小塊的食物送到嘴邊，我不能用叉子之類的餐具，怕會戳傷自己，因為我的肢體還是會不斷抽動。至少現在我用字母板的速度越來越快，陌生人很難從我背後偷看、聽我要說什麼。

「他快到我看不清楚！」我媽媽笑了聲，對那個在超市貨架間盯著我們聊天的男子說。

聽到媽媽的話，男子一臉尷尬，顯然是怕被我們責怪。不過我們很習慣了，媽媽跟我已經不會去在意這種事情。儘管溝通路上阻礙重重，我依舊萬分珍惜這個能說話的機會。我接受別人給予的機運，如果少了它，我就無法走到這一步。我的復健是許多人的心血結晶——維娜、爸媽、溝通中心的專家——沒有他們的幫助，我絕對說不出話。其他人可沒有這麼幸運。

最近，在那個有人偷聽我跟媽媽說話的超市裡，我們看見一位坐輪椅的婦人，她看起來五十歲左右。媽媽很快就跟她還有她的看護聊起來。婦人使用手語，或是指向身旁的物品，不過媽媽發現她是在中風以後喪失了語言能力。

「妳的家人知道有辦法可以幫妳恢復溝通能力嗎？」媽媽讓婦人看看我的字母板。「有很多的資源，只是要去找出來而已。」

看護說婦人有個已經成年的女兒。媽媽要看護跟那個女兒說，有人告訴她可以幫助她的母親。

「妳一定有辦法再次跟妳的女兒溝通。」媽媽對婦人說：「只要找到最適合妳的方法就行了。」

不過下次再見到她們的時候，看護跟我們說婦人的女兒完全沒有聽從建議尋求幫助。

「要不要把她的電話號碼給我？」媽媽說：「我很樂意跟她說明不該放棄希望，別被醫生的診斷侷限住。」

看護在紙條上寫下電話號碼，我看著與我面對面的婦人。

「祝—妳—好—運。」我用字母板拼出這幾個字，她盯著我看了好久好久。

幾天後，媽媽跟婦人的女兒通完電話後走進客廳。

「我不認為她真的想聽我說話。她一點興趣都沒有。」

我們沒有多談這件事。我們都知道那位婦人永遠逃不出身體的拘束——她永遠得不到機會。她會沉默一輩子，因為沒有人想幫她恢復自由。

之後，我不時想到那位婦人，不知道她過得如何。可是我還記得在超市裡，她最後一次投向我的眼神。那雙眼中充滿了恐懼。現在我懂了。

演說

我幾乎不敢相信能夠來到這裡。二〇〇三年十一月，我坐在寬敞演講廳的矮舞台上，旁邊是我的同事穆雅妮，她跟我們面前的觀眾打招呼，等著聽我說話的人一定超過三百五十個。我在溝通中心工作了四個月，獲選在這場健康專業人士的研討會上發言。

穆雅妮大致介紹完ＡＡＣ，現在輪到我了。儘管我只要按下按鍵，讓完美保羅的聲音透過連接在筆電上的音響系統傳出來就好，我仍舊不知道究竟做不做得到。我的雙手抖得太厲害，我懷疑自己沒有辦法控制它們。

不知為何，我意外成為近幾個月的公開發言人，我的故事甚至登上報紙版面。演講廳裡坐滿學校或是溝通中心的人，我非常訝異，不知道為什麼那麼多人想聽我說話。真希望愛麗卡可以從觀眾席間對我微笑。她已經回美國了，在這種時刻我最想念她。這份我珍惜不已的友誼現在只能靠電子郵件聯繫，她幫我打開的門已經關上。

跟媽媽抵達此處時，我早該知道今天的活動有多盛大，我第一次看到午餐桌上放了那麼多道菜，選出想吃的東西幾乎是不可能的任務。盯著台下的聽眾，最後下肚的黏膩太妃糖布丁在我胃裡翻滾。

穆雅妮微微一笑。

「他們會等你準備好。」她輕聲說。

我推動控制電動輪椅的搖桿，滑到舞台中央。正如阿朗特教授的預測，這台嶄新的交通工具讓我更加獨立。在我二十八歲生日的前一個月，我終於有辦法自由控制要在什麼時候去什麼地方。現在，如果電視節目太無聊，我可以隨意離開客廳；如果我想探索從小住到現在的屋子附近街道，我可以自己出門。

我在平時使用的社群網站上寫了一封公開信，詢問要如何得到電動輪椅，因為我知道爸媽沒辦法負擔這筆費用。這幾個月來，我加入網路團體，認識更多AAC社群的人，結交了英國跟澳洲等地的網友。知道我在這麼多地方有朋友是一種陌生又安心的感覺。透過電腦交朋友讓我覺得好自由。我正在探索這個世界，與我相遇的人看不到我的輪椅；他們只認識我。

然而我沒料到網路的力量如此龐大，某個在南非有親戚的加拿大人看到我的信，他馬上聯絡我，說他的圓桌團體想用他們募得的慈善資金幫我買新輪椅。言語無法表達我心中的感激，不過我不太確定身旁的人都樂見其成。

第一次控制自己的行動非常新鮮，我像個腳步蹣跚的小娃娃一樣學著自己走路。沉醉在嶄新的自由空氣中時，我撞上門板、摔落人行道、輾過陌生人的腳趾。

在其他方面，我也更獨立了。我的同事凱蒂是一名職能治療師，她幫我處理一些細節事項，讓我的工作更順利。現在我的辦公室門上有新的門把，我可以自行開關。我也在手腕套上負重腕帶，試著增加肌肉強度，穩定發抖的雙手。我跟優格飲料打好關係，這樣午餐時段就不必靠別人餵食了。我也留意不去跟別人要茶水咖啡來喝，除非對方主動提供，因為我下定決心，不要成為任何人的負擔。至於我的穿著，今天我穿襯衫打領帶，再過不久，我希望可以拿到第一套西裝。

我的人生產生種種改變，不過最恐怖的大概就是這一刻了。我再次望向觀眾席，逼自己深呼吸。雙手抖個不停，我命令它們好好控制我的筆電。我緩緩往左轉頭，讓頭戴式滑鼠的紅外線光束掃過螢幕，按下一個按鍵。

「希望各位可以停下來仔細思考沒有聲音或是任何溝通管道的生活。」我的電腦語音說：「沒辦法說『請給我鹽罐』，或是告訴別人很重要的事情，比方說『我愛你』。你不能表達你很不舒服、太冷了，或是哪裡痛。

「有一陣子，在我剛察覺到自己出了什麼問題的時候，我度過了一段時期，面對自己陷入的境地，挫折感讓我想要啃咬自己的皮肉。然後我放棄了。我變得徹徹底底的消極。」

希望我在演說內容中插入的停頓能幫助聽眾理解我的話。習慣有抑揚頓挫的聲音後，想聽懂電腦語音不是件容易的事。但現在我沒辦法多做什麼。大家靜靜聽我提起維娜跟評估，尋找溝通用具，還有取消訂購黑盒子的經過。然後我告訴他們花了幾個月尋找電腦軟體，爺爺過世後留下的錢讓爸媽買得起我需要的設備，還有我學習溝通時下的工夫。

「二〇〇一年，我待在日間療養院裡，那是收容重度身心殘障者的地方。」我說：「十八個月前，我對電腦一無所知，完全不識字，也沒有半個朋友。

「現在我可以操作十多種軟體程式，自己學會讀寫，在兩個工作場所擁有許多好朋友跟同事。」

我望向面前的一張張臉龐。不知道我究竟能不能將自己的體驗傳達給其他人。文字有沒有限制？它能不能帶我們來到一個人人都能理解彼此的地方？我不敢下定論。但我至少要抱持希望，相信我能透過某些方法，幫助想要了解這些事情的人。有好多雙眼睛注視著我，好幾百雙，我的心臟跳得好沉，電腦語音繼續說下去。

「我的人生出現了戲劇性的轉變。」我說：「不過我還在學習適應，雖然大家說我很聰明，我實在不太相信。我的進步是建築在許多苦功上頭，奇蹟只在人們相信我的時候發生。」

我怯生生地望向觀眾席，發現沒有人坐立不安或是打呵欠。大家都一動也不動地聽著。

「溝通是讓我們身為人類的要素之一。」我說：「我很榮幸能得到與外界溝通的機會。」

我終於安靜下來。演講結束了。我對著整個演講廳的陌生人說出我想說的話。他們沉默了一秒。我凝望他們，不知道該怎麼做。接著，我聽見一道聲音——拍手聲。起先只是輕柔的鼓掌，但聲響越來越大，我看到一個人站起來，然後其他人也紛紛起立。一個接著一個，聽眾站在位置前。我坐在舞台中央，看著眼前的臉龐，他們一邊鼓掌一邊對我笑。聲音不斷膨脹，一會兒就大到我以為要被他們吞噬了。我低頭看看雙腳，不敢相信我看見、聽見的事物。最後，我推動輪椅的搖桿，移到舞台邊緣。

「皮斯托留斯先生？」

將我的演說翻譯成手語，比給失聰聽眾看的女士站在我面前。

「我只是想說您帶給我們極大的啟發。」她匆忙說道：「您真的是一位不凡的人。擁有這樣的經驗，卻還是如此正面，您為大家樹立了典範。」

我聽得出她的情緒有多麼強烈，那些情感全都嵌在她臉上。她一股腦地說出內心話，情緒從她身上往外擴散。

「感謝您說出自己的故事。」她說：「今天能來到這裡，我深感榮幸。」

我還來不及回應，另一個人上前為我祝賀，上台的人一個接著一個冒出來，好多張臉俯視著我，對我微笑。

「你太厲害了！」

「真是激勵人心！」

「你的故事真的很棒。」

我不知道要說什麼，心中又是震驚又是不安，穆雅妮露出沉穩的笑容。我難以理解聽眾的反應，不過聽到他們的話，我想到最近去一所殘障學校演說後，某個媽媽跑來找我。

「我兒子是這裡的學生，如果他長大以後能跟你一樣，我會非常驕傲。」她這麼說。

當時我不懂她的意思，不過，或許現在我稍微懂了。一隻隻手拍上我的後背，一句一句祝福的話語，我坐在聲響和人潮中央，發現大家想聽的是起死回生的故事。他們對此驚嘆不已——我也是。

新世界

生命與我不斷碰撞。我會在每一個轉折處瞪大眼睛，期盼遇上嶄新的體驗：看見有人腦袋中央留了一道活像鸚鵡羽毛的五彩頭髮；嚐到跟雲朵一樣的棉花糖在我舌尖融化；第一次上街買聖誕節禮物給家人的溫暖喜悅；看到穿著短裙、臉上塗了鮮豔的紅色藍色彩妝女性的強烈驚喜。有好多事情等著我去探索，我很沒有耐性，急著收集我接觸得到的各種資訊。

二〇〇四年的一月，那場演講後的幾個月，我的工作時間拉長到一個禮拜四天——兩天在溝通中心，兩天在衛生中心。工作內容五花八門，從編輯報紙、維修電腦網路到跟AAC使用者見面。我甚至學會架設網站，也在阿朗特教授的鼓勵之下申請了大學課程，也通過審核。

我對於學校毫無記憶，我讀的教科書全都得錄製成錄音帶，因為我的閱讀能力還不夠好。一起上課的同學都是研究生——很多人還是老師呢。我沒辦法拿到完整的學位，因為我沒有讀過高中，不過要是完成課程，我能夠獲得進階的教育證明。這個課程的主題是教育AAC需求者的理論與實踐，我得要把工作以外的空閒時間全都用來讀書，才能跟上進度。

我終於有勇氣夢想獨立生活就在我伸手可及之處。工作與學習能幫我獲得更好的工作，有更高的收入，甚至有一天可以擁有自己的家。這些都是我想要的事物，我得要使盡全力才能達成夢想。

「看看你。」黛安・布萊恩笑著跟我打招呼。我們在聚集了全非洲的AAC使用者的研討會上碰頭，另外還有來自全世界的專家。我是其中一個講者，黛安也是。

「第一次見面的時候你怕得要命。不過現在你有膽子大吼了！」

人很難看到自身的改變。我從來沒有注意到自己漸漸成為怎樣的人，直到我第二次參加黛安的工作坊，她要我們畫下自己的夢想。維娜陪我參加研討會。我向她說出我的夢想，她手中的鉛筆在紙張上飛舞，以強勁的筆觸捕捉我的希望：我看著她畫出一棟房子，周圍繞著籬笆，一條狗兒搖搖尾巴。這是我夢想擁有的人生景象。我覺得我像在圖畫中翱翔。

回到工作崗位後，過了幾天，我在健康中心跟維娜並肩吃午餐，她轉向我。

「我幾乎認不出你了。」她說。

我看著她，不太確定她的意思，她沒有多說什麼。但在接下來的日子裡，想到那句話時我依舊困惑不已。我總以為維娜是全世界最了解我的人。儘管我對她的感情依舊強烈，我很小心地不在她面前表露出來。我以朋友的角度跟維娜聊起我最深沉的祕密與恐懼，向她描述邁向現實世界的各種情緒。因此，我不懂她為什麼會說認不出我。

現在，我懷疑是學習溝通改變了那些我以為永遠不會變的事物。維娜總是很高興能看到我的改變。我終於見識到世界少了她依舊能運轉，她是不是認不出這個人了呢？她守護我那麼久，現在我開始飛翔——靠著自己的力量伸展雙翼。

筆電

我盯著筆電。螢幕一片黑。恐懼填滿我全身。我感覺到恐懼四處爬行蠕動，在我心上搔抓刨挖。筆電已經故障好一陣子了，基於禮貌，稍早我發信給所有的聯絡人，警告他們可能會碰上這種狀況。但我從沒想到與世界的聯繫就這樣消失，我突然陷入沉默。

照我對電腦的認識讓我懷疑它已病入膏肓。我的筆電死氣沉沉，毫無反應。我好想吐。如果沒有電腦，我就沒辦法傳簡訊或是寄電子郵件、做大學的功課或是完成從辦公室帶回家準備晚上處理的工作（這樣才能超前進度）。我沒辦法跟網友開玩笑、聊天，告訴他們今天過得如何，問他們遇到了什麼事。我的物質世界依舊限制在家裡跟辦公室，可是只要跟身處別的大陸的人聊天，我的生命就少了許多疆界。我無法向他們描述現在的感受，或是約他們見面。現在我只能靠著破舊的字母板溝通，它無法幫我聯繫全世界。

恐慌把我的五臟六腑變成轉不停的車輪。我的人生受到電腦按鍵主宰，隨著網路線起伏，我不知道它什麼時候會故障。電腦跟身體不同，不會給我任何暗示，像是發高燒、作嘔、突如其來的痛楚。我的餘生都得仰賴這套隨時可能丟盔棄甲的機器。

我幾乎無法呼吸。我的人生是如此脆弱。我一直想著自己永遠脫離了幽靈男孩的生涯，現在才發現他依舊緊緊跟在我身後。

輔導員

「馬丁，你今天心情如何？」

我看著坐在對面的輔導員，不太確定他預期聽到怎樣的回應。我凝視筆電，點下三個符號。

「我很好，謝謝。」我的聲音傳出。

「很好。」輔導員笑著說：「你還記得上回討論的事情嗎？」

我不確定。每個禮拜在這間辦公室裡度過的一個小時內，我們真的有討論到什麼嗎？當然了，我們確實會交談——輔導員坐在玻璃桌面另一側的穩固辦公椅上，黑色的椅身隨著他的身軀前後晃動，我則是坐在輪椅上，面前放著筆電。我不確定像這樣的交談稱得上是討論。

每次來到這裡，我常會想起在電視上看過的電影《霹靂五號》（*Short Circuit*）。內容是講一台發展出人格的機器人，他擁有永無止境的求知慾，想要更了解這個世界。他逃離製造出自己的實驗室，除了拯救他的女生以外，沒有人相信他真的有情感。畢竟他只是一台機器。他無法成為機器以外的東西。

多年以來，我覺得自己越來越像霹靂五號，因為眼前的輔導員就跟其他人一樣，在我努力溝通的時候，他不太清楚要如何解讀。剛回到這個世界的時候，我還沒注意到這點，因為即使只能說出幾個字，我就樂翻了，沒有發現其他人對我的回應。但現在看著輔導員一邊等我說話，一邊仰望天花板，檢查指甲是否完美無缺，接著他滔滔不絕地延續話題，把我拋在後頭，而我正在試著回答十句話以前的問題。我的挫折好大——現在跟別人說話還不時會有這種感覺。

我越來越氣這個常常無法理解的世界，但我的憤怒有一半是自找的。身為幽靈男孩時，我可以理解其他人的情感：不屑一顧、疑神疑鬼、心懷鬼胎，我全都看得出來；我也知道他們是在稱讚、逗弄，還是害羞。然而我不再是個局外人。現在我從不同的角度看一切，與旁人互動時，有時候我根本無法分辨他們的行為。我的參考基準全變了。似乎只有在遺世獨立的時刻，我才能做出正確的評斷。我察覺不到誰對我沒禮貌，我看不出他們的不耐。

最近媽媽帶我出門購物的時候，我們遇到一名婦人，她兒子以前跟我同班。

「馬丁還好嗎？」她向媽媽詢問。

她甚至沒瞧我一眼。

「妳要不要直接問他？」媽媽回應。

可是婦人無法直視我的雙眼，或是問我簡單的問題。在我眼中這幾乎是常態，因為我隱形了這麼多年，有時候連我自己都忘記我真正存在這個世界上。對方的態度讓媽媽火冒三丈，看到她的反應，我才發覺我被人看不起了。

這種事情常常發生。一組電視台人員來溝通中心錄影，阿朗特教授把我介紹給製作人，我馬上知道大事不妙。

「我來自加拿大。」他的嗓門很大，仔細說出每一個音節，「離這裡很遠很遠。」

我盯著他看，不知道他為什麼要特地大聲宣告這個再清楚不過的事實。看到同事惱怒的表情，我才知道這個人很沒有禮貌。

向爸媽稍微透露過去在各間療養院發生的事情後，媽媽決定我得要接受輔導。她相信我對於那些事很生氣，所以我該跟別人談談。可是我只想往前走，而不是回頭看。無論如何，我每個禮拜還是得來這裡見輔導員。媽媽陪我進輔導室，檢查電腦運作沒問題，她就會離開，丟我一個人猜測輔導員的心思。

「你必須接受你很聰明的事實。」輔導員說了一次又一次。

我一直搞不清楚要怎麼回應這句話。這串單字進不了我的大腦，背後的概念太過龐大，我的意識容不下。我被人當作智障養了好幾年，現在收錢跟我交朋友的人卻說我很聰明？

「大部分的人有各種管道表達的情緒。」他說：「他們可以甩上門、大吼大叫、罵髒話。可是馬丁，你只有文字，因此你很難表達心中感受。」

他往後靠上椅背，嚴肅地看著我，而我又陷入五里迷霧，不知道該說什麼。感覺我是在玩解謎遊戲，卻抓不到半個線索。儘管我照著指示，每天寫電子郵件告訴輔導員當天的心情，他很少回信。然後跟他見面時，他又說起一堆我無法理解的陳腔濫調。我懷疑他是不是真正對我的想法感興趣，或者只把我當成研究案例，偶爾給予一些刺激。他能幫我解決我不認為是問題的問題嗎？還是說最後我成了關於失聲患者的研究對象？

輔導員看著天花板等我說話。我能說什麼？說我以為與外界溝通就能完全改變人生，現在卻發現根本行不通？說我最大的挑戰不是學習溝通，而是讓別人聽我說話？說人們只會聽見自己想聽的內容，我沒辦法讓他們聽見我的聲音？

我看著他，猶豫不決地僵坐著。我知道得要試著討論數年前深埋在心底的情緒，挖掘我每天夜裡努力逃離的過去。儘管我跟爸媽說了一些過去的事情，我知道那是他們不想跨越的地雷區，就怕引發爆炸。我也不敢摧毀我們一同創造的脆弱和平。我不希望藉由言語打開我無法再度關上的潘朵拉之盒，即使是對著陌生人、以匿名者的身分訴說。但我知道我必須試著說出我見過的景象；我得要試著將之化為言語，說給這個靜靜坐在我對面的人聽。

想到要坦承以告，我的脈搏自動加速。我遭遇的事情是團擺脫不了的黑暗，要是不說出來，我怕我會一輩子受黑暗荼毒。

記憶

「吃下去，你他媽的蠢貨。」看護對我怒斥。

我盯著眼前湯匙上那團灰色軟泥。我二十一歲了，依舊是個幽靈男孩。

「給我吃下去！」

我張嘴，滾燙的食物塞了進來。油臭味填滿我的嘴巴，膽汁湧上喉頭。我逼自己吞嚥。

「再一口。」

我乖乖張嘴。我知道我得要努力想別的事情，才能說服自己的腸胃接受塞進嘴裡的東西。我環視房間，看到其他孩子，背景響起刺耳的古典音樂，軟綿綿的小提琴樂曲。有人在哭，其他人沉默無語。我吞嚥食物，喉嚨灼熱。

「快點，你這個垃圾。你再這樣慢吞吞的，我可要跟你耗上好幾個小時了。」

金屬湯匙敲開我的牙關，她又往我嘴裡硬塞一匙軟泥。真希望她能放我挨餓，不過我知道她不會放過我。

「吃下去！」

她拉扯我的頭髮——扯了兩下，逼得我眼淚冒出來——才把另一匙食物擠向我的嘴巴。我的嘴唇含住湯匙，一邊吞嚥，心跳一邊加速。我感覺得到肚子裡翻江倒海。我不能吐。我深呼吸。

「少來了，怪胎。你今晚是怎樣？」

她挖起另一匙食物，濃濃的怪味席捲我全身。來不及吞回去，我感覺到嘔吐物湧出，無論我多拚命都無法忍住。

「你這個混帳！」我吐了滿身滿盤，婦人對我尖吼。

她甩了我幾巴掌。她離我好近，我能感覺到她熱辣辣的呼吸吐在我臉上。

「你以為你很聰明？」婦人尖叫：「你以為吐出來就不用吃了？」

我看她把湯匙往盤裡插，挖起滿滿一匙的嘔吐物，舉到我嘴邊。

「給我吃！」

我張開嘴巴。我別無選擇，只得逼自己吞下剛才身體拒絕的食物，祈禱這事不會再次上演，否則我的處境會更難堪。婦人前科累累，她一定會再次動手。我早就學會不能哭，不然她會更火大。湯匙塞進我的嘴巴，我聽見響亮的笑聲。我忍住再次湧現的嘔吐感。婦人笑著享受勝利的滋味。

所以我才會這麼討厭那間鄉下療養院：一個人折磨我，其他看護哈哈大笑。有時候我會被捏或是吃上幾個巴掌，有時候我被他們丟在屋外忍受酷熱，或是洗澡後冷的不得了，一直抖到她願意幫我穿衣服為止。

有時候我很納悶：她都不會被自己的暴行嚇著嗎？有一次她給我塞灌腸劑，動作太用力害我流血了。她把我推進浴缸，我看著洗澡水染上鮮紅。把我撈起來後，她拿牙刷沾髒水給我刷牙。之後，她把我放在馬桶上，我看著屁股下的水再次染紅，感謝上帝我終於能死了，我竟然會死於屁股流血，這實在是太諷刺、太好笑。

如果她碰我的時候我瑟縮了，她會用力揍我，把我肺裡的空氣都打出來。要是我坐在自己的排泄物上太久，皮膚一片通紅，忍不住哭出來，她會往我後腦杓狠狠拍打。

每天我都會倒數時間，計算我離回家的時間又少了二十四個小時。我通常只在那間療養院待上幾天，但有幾次長達六個禮拜，每次聽到電話鈴聲響起，我就會恐慌不已。那是打來通知爸媽被車撞死了嗎？我會被永遠丟在這裡，囚禁在這個沒有人記得我的地方嗎？恐懼一天比一天強大，嘴裡幾乎可以嚐到恐懼的滋味。當爸爸或媽媽終於來接我，我無助地聽看護告訴他們這次我過得很好。

即使回到家，我依然很恐懼，因為我會馬上開始猜想什麼時候又要被送過去。我不常去那裡，一年一兩次左右，然而每回搭上開往鄉間的車子，發現我們的目的地時，我一定會哭。車子開過鐵軌，我知道我們離那間療養院越來越近；開過療養院前的碎石子路，我聽見輪胎下劈啪作響。我的心跳跟喉嚨一起緊縮，好想尖叫。要是我想得夠用力，不知道能不能讓爸媽聽見我的心聲。

然而，當我被綁在汽車座位上，無法告訴任何人我知道自己將會受到怎樣的虐待時，我最大的願望就是有人能看看我。他們一定會看見我臉上寫著什麼吧？恐懼。我知道我在哪裡。我知道我要去哪裡。我也是有感覺的。我不只是個幽靈男孩。可是沒有人看見我。

不存在的玩偶

同樣的狀況也在其他地方上演。那些機構裡的小孩跟大人都太過虛弱、沉默，或是心理毫無招架之力，沒辦法說出他們的祕密。我學到那些對我們發洩黑暗欲望的人——無論那些欲望消失得多快——往往外表上毫無跡象。他們的面貌一點都不凶惡，只是平凡無奇、看過即忘的普通人。說不定他們從沒做過壞事，直到天賜良機，遇上看似沒有靈魂的空殼子，鼓動他們越過那條可能永遠不敢跨越的界線。

有時候只是一種感覺，彷彿一條隱形的線被人踩過了，讓我覺得很不安。我無法好好解釋，因為即使我是個成年人，還是有很多無法理解的事物。

「親親、親親。」一名婦人用沒有人聽見的聲音悄悄說著，朝我彎下腰。她的語氣好親熱，像是在引誘無意調情的追求者擁抱。

還有一次，有個我認識的媽媽走進房間，我正躺在床上等人幫我換衣服，腰部以下全裸。

「這是什麼？」她一邊說，一邊搔抓我的陰莖。

看護回到房裡，這個插曲很快就落幕，但我非常困惑不安，不知道要如何釐清心中滿溢的複雜感受。

不一定是如此。有時候發生的事情太過清楚明白，我察覺自己遭到完全無法抵擋的攻擊，恐懼流遍我全身。

「看看你。」有一次某個看護幫我洗澡的時候這麼說。

隔天，我靜靜看她確認房裡沒有別人，拉起裙襬，跨坐在我髖部上，下身貼著我磨蹭。我一動也不動地躺著，眼睛一眨也不眨，什麼都不看，直到我感覺到她的重量離開。恐懼啃咬我的心，我怕她又會碰我，但她沒有。

我在這些女人眼中算是什麼？不會張揚的變態幻想，還是片刻的瘋狂？我無法確定。不過在另一個虐待我好幾年的女人眼中，我知道我稱不上是個人，只是隨著她心意擺布、丟棄的工具。

獨處給她的行為氧氣：她總有辦法找到跟我獨處的時刻。她第一次觸碰我，一手探尋似地按住我的跨下，我馬上清楚知道她在做什麼。她似乎很害怕、很不安，很快就收手。但第二次她就大膽多了，雙手逗留在我的陰莖上。很快的，她的膽子越來越大，好像察覺到打開通往黑暗的門扉沒有她預想的那樣恐怖。

有時候她會把雙腿環在我身上，對著我衝撞的力道越來越強，直到我聽見她的喘息。或者是在我平躺時站到我背後，將我的雙臂舉到頭上，手貼著她的臀部。她料到我的手指會無法控制地顫抖，將我的手指塞進她的陰部，我聽見她的呼吸聲漸漸不穩。

在我身上縱慾時，她通常不發一語。當她貼在我身上搖晃，帶著我的身體一同抽動，有時候感覺像是過了一輩子的時間她才停下來。每一次，我都會努力陷入沉默，把我自己緊緊鎖起來。我感覺到靈魂凍結，不久之後，羞恥填滿我心頭。

如果她開口，也只是像小孩子跟不存在的玩偶說話一般。

「來振動一下吧。」有一次她說著，把我從輪椅中拉起來。

她一定會確認我不會看到她。

「你不該看的。」她推著我的臉轉向旁邊，不過她說話的對象不是我，是她自己。

這種事情不常發生。有時她隔了好幾個禮拜或是幾個月才碰我，接著又連續跟我見上好幾次面。這樣更糟，因為我永遠搞不清楚她什麼時候會對我做什麼事，我只能等著她再次找上我，這最讓我無力。一看到她，心底的焦慮便開始積蓄，猜想她這次會不會出手，我能不能逃過一劫。恐懼將面紗覆蓋在我身上好幾天。我知道我無法阻止她，也沒辦法說出來。我只是個毫無反應的物體，在她需要的時候任她使用，是她描繪黑暗慾望的空白畫布。我只能坐著等待，豎起耳朵直到我又聽見她的聲音，深知我一心只想逃跑。

「哈囉，馬丁。」她低頭對我微笑。

我直盯著她，肚子裡一陣陣反胃。我感覺到尖叫聲在我體內像旗幟般迎風飄揚，可是我沒辦法釋放出來。

「來吧。」我感覺輪椅開始移動。

她帶我到一個沒有人會看見的房間，讓我躺在長凳上，舉起一條腿，擱在我身旁，以單腳站立，撩起裙襬。她緩緩蹲低，將身體貼住我左腳的大拇趾，規律地在我身上抽動。我好想消失。

之後，我一動也不動地躺著，她坐到我身旁看雜誌，漫不經心地一邊挖鼻孔一邊翻頁。最後她看了看錶，站起來。然而就在她準備離開時，她想到了某件事，再次轉向我。

我看著她的手指抹過我的T恤袖子，拿我擦手。我的衣袖沾上一道發亮的黏液。她終於玩夠了。

有時候她躺在我身旁，有時候趴在我身上。有時候她撫摸自己，有時候摸我。無論如何，我在她眼中什麼都不是，在她來找我前，我不在她腦中占去任何空間，但她從未離開過我的腦海。她是盤據在我夢境中的食人妖，追著我到處跑，大聲尖叫、折磨我、把我嚇得半死。一夜又一夜，我汗流浹背地醒來，生怕要是睡著，她又會來找我。她是在我靈魂裡蠕動的寄生蟲。我躺在黑暗中，心想究竟有沒有辦法擺脫她。

幻想

在這個時刻，我最需要仰賴想像力。在我的幻想世界裡不斷重複的主題是逃跑，因為我可以成為任何人物，甚至超越我的幻想：不只是海盜，也是飛行員、星際海盜，或是一級方程式賽車手、人魚、祕密探員，或是擁有讀心術的絕地武士。

有時候我坐在療養院教室裡，當我把世界拋在腦後，會感覺到自己在縮小。輪椅越來越大，我縮成玩具兵的尺寸，小到可以鑽進停在教室角落等我的噴射機。它在其他人眼中只是玩具，但我知道那是戰鬥機，引擎已經發動，就等我來駕駛。

在夢境中我總是身強體壯。一旦聽見腳步聲，我會先跳下輪椅去查看來者何人。如果對方看見我一定會嚇到。我準備好要反擊了。他們以為我是幻想中的人物，才怪，我真的存在。我跳下輪椅，輕輕著地，低頭一看，發現T恤跟短褲都消失了，身上換成灰色的飛行裝。我衝向噴射機、爬上台階、擠進駕駛座、戴上頭盔，衣服沙沙作響。引擎低吼，燈光在我眼前閃起，但我一點都不怕。我是受過訓練的戰鬥機飛行員，我對它們瞭若指掌。

我推動操縱桿，飛機開始移動，越跑越快，衝過教室的油布毯，升空，飛向走廊。瑪莉葉塔朝我走來，於是我加速繞過她的腦袋。我的飛機太快太小，她看不見，我又拉起操縱桿，飛機直直往前噴射。

G力把我往後壓，一節車廂從後方逼近，我衝刺閃躲，知道只要出了點差錯，它會削掉噴射機的機翼害我墜落地面。但我的手很穩。砰！我從車廂的側邊飛向通往室外的門。

門正慢慢關起，我側轉機身，噴射機乾淨俐落地在最後一刻鑽過門縫，我自由了。頭頂上的天空好藍，外頭的世界帶著泥土跟陽光的氣味。我操控飛機往上飛，知道很快就會到達俯瞰大地的高度：一抹抹綠色、一片片棕色往後飛掠。我把操縱桿往回拉到底——節流閥和推進器全開——噴射機直飛沖天，帶著我不斷旋轉。

我的腦袋昏昏沉沉，可是我渾身輕飄飄。我哈哈大笑。

了解，結束通話——我自由了。

飛機下方的高速公路擠滿下班車潮。我知道沿著這條路飛會到什麼地方——家。

當我躺在鄉間療養院床上，想到附近的鐵軌，幻想我偷偷溜出去，跑過高大的棕色草原。遠處有一列火車拖著褪色的棕色貨車車廂，有的貨物上蓋著防水布，有的沒有遮掩，裡頭裝滿閃亮的黑色煤礦。我跑向火車，在它消失前抓住最後一節車廂。我不知道這班車會把我載到哪裡。我心中只想著終於能離開了。

水是另一個我喜愛的幻想元素。想像水流進我所處的房間，讓我浮起來，帶我乘著浪頭遠去。我在水中靈活自如，身體自由又強壯。或者我會想像輪椅長出〇〇七的翅膀，帶我飛上天際，看護們張嘴仰望，無法阻止我飛走。

在幻想世界裡，我還是剛生病時的那個小孩。隨著年紀漸長，唯一改變的是我開始想像我是世界知名的板球選手，因為陪爸爸跟大衛看球多年，我也培養出興趣了。弟弟是板球高手，回到家就會跟媽媽、爸爸、金姆說起上一場比賽的戰況。我也想跟他有共通的樂趣。大衛的笑話總能把我逗笑，他用逗趣的聲音說話，或是搔我癢，於是我開始專心聽收音機或是電視轉播的板球比賽。

我可以沉浸在腦海中的球賽好幾天、好幾個禮拜。每場比賽都是從我坐在安靜的更衣室裡綁鞋帶開始，接著我踏入陽光下，橫越球場，用衣角抹抹球身，檢查它是不是乾淨閃亮。然後我望向擊球手，觀眾安靜下來。這麼多人看著我，我卻一點都不害怕，心中只想著要跑過球門，還有掌中渾圓結實的小球。我把球投向擊球手。

球從我手中飛出，一抹櫻桃紅劃破空氣，我聽見門柱上橫木飛落的輕響，觀眾放聲嘶吼。不過我不一定丟得夠準。有時候會完全錯過擊球手，球飛向遠處，或者是滾出界外，也就是說我得要離開球場，知道那天我的表現不夠好。但這並不重要，因為我是運動明星。我是南非隊最知名的全能運動員，成天打球，扳回一城的機率遠遠高於輸球。在我回到現實前，比賽幾乎沒完沒了，球一次又一次擲出，結果有勝有敗。

我會跟上帝說話，但祂並不是幻想世界的成員。對我而言，祂是真實的存在，是在我心底、身旁幫我冷靜安神的存在。北美洲的印地安人會與他們的精神導師懇談，非基督教徒依照季節和太陽的方位行事，我跟上帝說話，試著釐清在我身上發生的事，請祂保護我不受傷害。上帝沒有跟我聊過人生中的大事——我們不會陷入哲學辯論，或是爭辯宗教信念——我不斷不斷對祂說話，因為我知道我們擁有重要的共通點。我無法證明祂的存在，但我依然相信祂，因為我知道祂是真的。上帝也用同樣方式對待我。祂跟人類不同，祂不需要證據來證明我的存在——祂知道我真的存在。

新朋友

噪音像是在遠處加速的火車，越來越大聲，直到突然在房裡炸開——一團黃色毛球，巨大的紅色舌頭，濕答答的爪子搭在沙發上，一會兒就把布料沾濕。粗大的尾巴瘋狂搖擺，棕色大眼在房裡看了一圈。

「柯傑克！趴下！」狗兒完全不顧指令，繼續東張西望，最後從沙發上朝我飛躍過來。我發誓牠真的在笑。

「柯傑克！不行！」狗兒沒在聽主人的話，只想對這個坐在奇怪椅子上的陌生人說哈囉。

「趴下！」

男子把巨大的拉布拉多從我身上拉開，費了一番工夫要牠坐好。即使被人一手拉著項圈，固定在主人身旁，狗兒依舊動個不停。牠的頭瘋狂搖晃，屁股擺來擺去，舌頭吐了出來，連呼吸都跟不上牠的速度。

我望向爸媽，從沒看過他們如此驚恐。

「你要幫這條狗找新主人？」爸爸的語氣不帶半點情緒。

「對。」男子回應，「我們要搬去蘇格蘭，想幫牠找個新家。牠真的很可愛。抱歉牠弄得這麼溼。柯傑克最喜歡游泳池了！」

恐懼爬上媽媽的臉，像是垂下的窗簾似的。我知道她怕到不敢說話。

「牠已經打過所有疫苗，我們也陪牠做了一些服從訓練。」男子繼續說：「牠才八個月大，活力還很充沛。」

彷彿是接收到提示，柯傑克在主人手中扭來扭去，口中冒出一串吠叫。我猜媽媽差點要尖叫了。

「馬丁，你覺得呢？」爸爸問我。

我盯著狗兒。牠太大隻，也太粗魯了，顯然聽不進任何命令，絕對會在爸媽整潔的屋子裡掀起一場浩劫。找了四個月，我從沒見過像牠這樣的狗兒，即便如此，有聲音告訴我，牠就是我的狗。

我對爸爸微笑。

「好吧，我想馬丁下定決心了。」他說。

「真是個好消息。」柯傑克的主人高喊，「你們不會後悔的。」

我看向媽媽。我想她正在忍住淚水。

牠什麼時候能學乖？

我從沒忘記過波奇，所以我才會這麼想養狗。我一直記得我們之間的羈絆，好想再擁有一個跟她一樣的同伴。我想要一個可以照顧的對象，完全不會在意我的一切限制與缺陷。儘管我興致勃勃，媽媽一點都不喜歡這個提案。她不想再多照顧一個什麼，更別說是帶來毛髮與泥巴的大狗了。

最後是金姆救援成功。今年稍早，她從英國回家一趟，馬上發現我比以往還要努力——真的是夜以繼日——想要趕上所有進度，每天只睡四五個小時。

現在是二〇〇五年的四月，距離我第一次接受評估過了將近四年，我從未停止學習。我像是不允許自己放過難得的第二次機會，沒有任何社交生活或嗜好。我每天就是用功唸書，不只要跟上進度，還要更往前一步。我還是不敢相信大家願意給我機會，常常害怕他們會發現我毫無人生經驗，於是我努力彌補我認定缺少的一切，因為我覺得自己像個騙子。

接下設計溝通中心網站的任務後，我換到一間科學研究機構工作，幫忙製作與殘障相關的網路資源。這開啟了充滿可能性的新世界。我離開了健康中心的工作，現在每個禮拜在溝通中心上班三天，另外兩天是那間研究機構的電腦技師。

工作之餘，我繼續喚醒大家對ＡＡＣ的重視，加入某個國家機構的執行委員會，幫助像我這種幾乎沒有語言能力的人。這年一月，我第一次搭飛機到全國的五座城市參加巡迴式的慈善募款活動。當飛機起飛時，我覺得身體無比輕盈自由，這讓我納悶鳥兒為什麼會願意落地。

如果不是在做各種有薪水或是義務性工作，我就是在學習。

所以金姆返家時看出我得要做些改變。她看出我的生命中還有工作以外的事物，於是她跟爸媽談過，他們同意讓我養狗。

「可是你要負責照顧。」媽媽警告我，「餵牠吃東西，幫牠清理。我要照顧這個屋子裡的四個人，所以狗是你的責任。」

「我不會讓妳多做任何事。」我這麼回答，然而那時我還沒領悟到坐在輪椅上帶著精神百倍的拉布拉多幼犬散步是什麼天方夜譚。

於是我們開始尋找柯傑克。雖然大家希望我養小型犬，可是我一心掛念著黃色的拉布拉多，因為他們看起來是最快樂的狗兒。我看過一些幼犬，發現很多都不太有精神，其他的則是擁有某些生理缺陷，代表他們的育種過程出了差錯。我養不起血統純正的狗兒，只好等上幾個月，尋找最適合我的狗。某位育種師透露她之前賣出的一條狗正在找新家。看到柯傑克的那一刻，我知道牠注定是我的狗。

照顧像牠這樣的野孩子比我想像的還要難。從抵達的那一刻起，柯傑克問題不斷。我一關上前門，牠馬上跳起來聞過新家的每一個角落跟隙縫，衝進客廳途中尾巴一甩，打翻了一杯茶。爸媽起身收拾殘局，柯傑克立刻跳上爸爸的扶手椅。

「下去！」媽媽尖叫。

柯傑克乖乖照辦——接著跳上媽媽的椅子。只消一眼，牠就看透了我們家的權力金字塔。

「我們有辦法控制這條狗嗎？」媽媽疲憊地問道。那天稍晚我們吃晚餐時，柯傑克被鎖在廚房裡，我腦中也浮現這個疑問。

「牠幹了什麼好事？」媽媽走進廚房，發現地上滿是煮飯的油跟嘔吐物，放聲大吼。

柯傑克匆匆吞下大半瓶油，幾乎在同時全部吐了出來。即便如此，他看起來還是笑容可掬。媽媽怒氣沖沖，我們被關在門外，直到我知道她已經上床睡覺，警報解除才敢進門。

柯傑克就是這種狗：聰明又迷人的惹禍精；聰明到可以理解牠犯了錯，努力想要討好我們，卻常常難以如願。牠的咀嚼欲望超出控制，大口吞下手機，害幾支電視遙控器消失，幾乎毀了爸媽院子裡的每一盆植物。

「又是柯傑克。」媽媽嘆了口氣，望向她花圃上的坑洞。不知道為什麼，牠對媽媽曾經自豪不已的亮橘色天堂鳥愛不釋手。

柯傑克的獨特個性不只如此。要是車窗開著，牠會努力爬出去；連撒尿的短短時間也站不住，牠會邊跳邊尿，活像是準備開打的拳擊手。牠還在衝向某樣東西時數度拖倒我的輪椅。無論是別的狗在叫，或是什麼嶄新的氣味，牠總是無法忍耐一探究竟的衝動。每次我進游泳池泡水，牠都想跳下來救我。某天在服從訓練課程的空檔，牠溜了出去，跳過圍牆，卻發現另一側是五呎深的坑洞。他被綁帶掛在半空中，癡癡地望著我，像在求我從死刑台上救牠一命。爸爸跟負責訓練課程的女士一起救起牠，其他狗兒只是絕望地看著我們。

然而，我知道柯傑克內心深處藏著一隻好想跑出來的敏感狗兒。還沒確定要養牠之前，我知道控制狗兒的唯一希望就是教牠一些規矩，所以我報了服從訓練課程。現在，柯傑克要學會回應非口語的命令，每個週末媽媽或爸爸會載我們去狗學校，我們在那裡慢慢學習了解彼此。

將拳頭舉到胸前就是要柯傑克坐下，手指指地代表趴平。拳頭舉在身旁是起身，一手直直舉起就是等待的意思。牠愉快又迅速地學會基本指令，我們換到更有趣的課程：對牠揮揮手，牠會搖搖爪子；我舉起手，牠會伸爪跟我擊掌；我伸出手，牠就伸出爪子跟我握手。

訓練花了不少時間，但我相信柯傑克正慢慢冷靜下來。牠甚至學了一些協助技巧，像是幫我開門、關抽屜。有時候會有一些副作用，教牠幫我脫襪子的時候引發牠對襪子的癖好，現在牠會偷走洗衣籃裡的每一雙襪子。教牠在屋裡做這做那的時候，我靈光一閃，想到還可以教牠按門鈴，這樣牠自己散步回家時就能通知我們一聲。

無論有多少缺點，柯傑克就是我心目中的同伴：永恆不變的快活個性、討人喜歡的天分，每次都能逗我笑。無論犯下多少錯誤，牠的存在都讓我的世界比過去還要快樂好幾百倍。

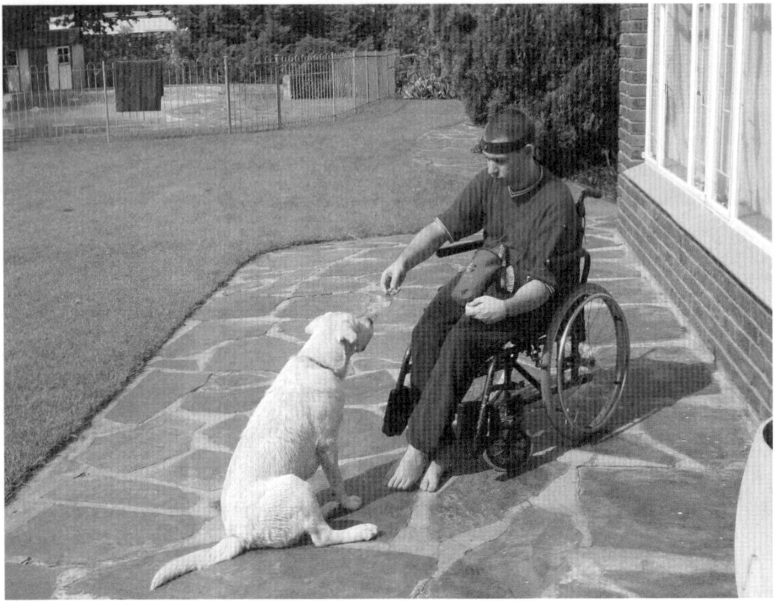

馬丁與柯傑克一起做訓練

GD跟咪咪

我的爺爺奶奶GD跟咪咪教會我的事情，或許是最重要的一門課題：愛情，如果愛是真的，就會持續一輩子；如果愛夠強大，就能代代相傳。

一生之中，我不斷聽到GD跟咪咪的故事：GD是如何在十六歲那年從岩石上跳入海中救起溺水的婦人，贏得英勇獎章；咪咪是如何熱愛跳舞，小時候走上好幾哩路只為了學舞。兩人剛認識時，GD是個新手礦工，為了見上咪咪一面願意騎上三十哩的腳踏車。在她答應他的求婚後，他執意要讓她過上好日子，考了十一次的礦工測驗，終於獲得經理的資格。GD是家中十六個小孩的么子，咪咪則是四個小孩裡的長女，或許就是這樣，他們決定要生自己的孩子，沒過多久，他們有了我爸爸跟他的兩個妹妹。咪咪一邊持家，一邊教她的小孩跳查爾斯頓舞，GD為家人蓋起屋子，搬出礦工宿舍。

爺爺奶奶幸福地一起住了將近六十年，在咪咪跌倒摔斷骨盆、臥床不起以後也是如此，當時我的意識漸漸恢復。她再也沒有站起來，但就算安躺在床上，咪咪依然像士官長一般打理家務。GD照她的吩咐出門買東西、煮飯菜、準時吃心臟病的藥。他看不出去地方上的老人之家探望「老相好」有什麼不對。

我很愛他們。無論什麼時候，只要去探望他們，我的輪椅總是放在咪咪床邊，讓她握住我的手。她的皮膚跟紙張一樣薄，看起來好脆弱，我好怕會撕破。看著她的手，我心想我能不能活到這個歲數。當時我二十三歲，咪咪病倒了，沒辦法治好。她的身體正漸漸地耗損，越來越虛弱。我坐在床邊，看著她在意識邊緣浮浮沉沉。

爺爺看起來好失落。在最後幾次的探訪途中，我聽見他向爸爸透露他最大的願望。GD說：「我想再睡在我的妻子身旁一次。」咪咪病得很重，他沒辦法跟她同床共枕。

兩天後，家裡的電話響了，爸爸接起來，低聲說了一會兒，掛斷電話。

「咪咪走了。」他說。我看他走過走廊，雙手抱在後腦杓，彷彿是想把失去母親的事實揉入頭顱。

我為爸爸傷心。他抱我上車，載我去爺爺奶奶家看咪咪最後一面。抵達時，她躺在床上，我看著爸爸親吻她。沒有人知道我完全理解發生的一切，我好想安慰GD，等待喪葬業者來的空檔，他一直在哭。

「我覺得我的雙手被切斷了。」他邊啜泣邊說，我知道他心碎了，他失去了深愛多年的女人。

他們愛了一輩子；他們的故事緊緊交織，早就忘記哪裡是結尾，哪裡是開端。他們的愛情化為許多細微的線索，散在我們四周，就連最普通的事物都脫離不了，像是爸爸跟姑姑在咪咪衣櫃裡找到的冬季大衣。GD 花了好大一筆錢，因為他只想讓妻子暖和舒服。

幾天後，爸爸在咪咪的葬禮上說起她把愛傳給她的孩子。他跟大家說他小時候，母親曾經用「愛情針法」替他織衣服，她平穩安靜的形貌將會永遠陪伴他。小時候他幫她醃桃子，爸爸不小心把滾燙的糖漿潑到咪咪身上，立刻燙出一片水泡，但她沒有生氣或是大叫，而是用冷水沖洗傷處，包紮好，繼續工作。

聽著爸爸說話，我發現我又學到男女之間愛情的另一種面貌：有時候像漢克跟愛麗葉塔那樣俏皮，有時候像英格麗跟戴夫那樣平靜，不過如果你夠幸運，愛就能像 GD 跟咪咪那樣天長地久。那種愛可以從一個人傳遞到另一個人身上，有如一股力場，能夠安撫每個接觸到的人，給予他們啟發，創造出持續多年的深刻記憶。

這是爸爸知道的愛情，現在，看著他致詞，我知道他心中的雙眼看得見他的母親，彷彿她還活著。他回憶童年情景，感覺到她的撫觸，聽見她的聲音，他又變回那個跟母親一起醃桃子、活在愛裡的小男孩。

充滿愛的生命，活在愛裡

波浪打上沙灘，炸雞的香味隨著海風飄來。我口水直流，又往嘴裡送了一塊肉。味道真好。

現在是二〇〇六年十二月，我坐在開普敦的沙灘外緣，隔壁是我的朋友葛拉罕。二十多年前，他在一次雙側腦幹中風之後成為AAC的使用者，當時他在南非外海的一座小島上工作，被直升機送去醫院，醒來的時候醫生說他從眼睛以下全都癱瘓了。那年他才二十五歲。

葛拉罕還沒辦法動彈或是說話，然而沒有人會懷疑他正過著如獅子一般意氣風發的人生，儘管他得要完全仰賴他人協助。癱瘓以後，他拒絕依照旁人的期望回家讓母親照顧。他母親住在南非的另一側，葛拉罕想繼續待在開普敦。於是他進入安養院，一直住到今天，我從沒遇過像他這樣能讓大家感染到他對生命熱愛的人。

他的每分每秒都過得很充實，而且他最愛打破規則：我相信他馬上就會要我給他吃一口炸雞，即使他不該吃固體食物。我了解這種渴望總是強大到無法抗拒。「你不能全照著醫生的指示過日子。」他對每個質疑他的人這麼說。他說他追求的不只是滋味，還有咀嚼吞嚥的生理動作。因此他不時會忘記醫生的忠告，鄭重地吃下一小口食物。

我們是在十八個月前的一場研討會上認識，現在我來到開普敦是為了明天的一場活動，我們要上台演講。不過我們先來到沙灘，並肩坐下看海，宛如棲息在電線上的金屬鳥兒。吃著我的炸雞，我想到葛拉罕稍早拿給我看的照片。

「她是我朋友。」我看著照片中對鏡頭微笑的美女，聽他向我說明。

葛拉罕使用的是能夠捕捉微小動態的紅外線光束，靠著頭部來操作他的溝通器材，跟我說話，雙眼閃閃發亮。真希望我也能掏出照片給他看看我最愛的女性。可是我沒有，同時也害怕永遠不會有這種機會。經過許多痛苦的教訓我學到一件事，很少有女性能看透拘束我的軀殼。

我不知道自己是不是一直在渴望愛情，也不知道愛情的種子是不是已經深植心底，就算過了十年，我依舊記得清清楚楚。那天接近傍晚時，一群護理系學生來療養院參觀，我躺在床墊上，感覺到有個人跪到我身旁。一根吸管插進我嘴裡，我抬起頭，看到一名年輕女性。長長的棕髮垂在她臉頰兩側，感受到她雙手傳來的溫柔，我心中頓時湧現強大的渴望，差點喘了起來。真希望那個短暫時刻能延續到永遠，讓這個身上有花朵跟陽光香味的女生成為我的世界。是不是在看過漢克跟愛麗葉塔、戴夫跟英格麗、GD跟咪咪的愛情以後，我心中對愛情的渴望就被激發了？還是說是因為多年以來，看著爸媽在我和弟妹面前的犧牲奉獻？

無論原因為何，在我開始與外界溝通後，我對愛情的渴求更加旺盛，這時我才知道過去的自己有多天真。我真的相信只要想得夠專注，就能讓愛情凝聚成型，找到一個對象，與我共享過去見識到的那些情感。然後，維娜讓我知道這比我一開始想像的要困難許多，我試著接受這個教訓。我逃避我的感情，把它們埋在工作之下。我會一一細數自己受到多少恩惠，卻還是不時覺得我跟開始溝通之前一樣孤單。

很久以前，我發覺我對維娜的愛情是寫給自己看的神話，是我自己創造出來的虛影，永遠無法真正捕捉。無論我怎麼想，她只把我當成朋友，我不能怪她。只是我學不會她在無意間試著教導我的課題，一次又一次地重蹈覆轍。雖然現在已經三十歲了，我依然偶爾會幻想有個懂我的女人陪伴，沉沒在黑暗中的那個十二歲男孩也曾有過這種夢想。

今年稍早，我跟爸爸一起去以色列參加研討會。我坐在燈光暗下的講堂裡，聽教授說起像我這種人在愛情方面的挑戰。就算我一點都不想相信，我知道他說的沒錯。

在我開始溝通以後，我對女性的期望不時湧現，猶如飛蛾撲火，最後我被她們的冷漠燒得體無完膚。有些女性把我當成人間奇觀，有人認為我是挑戰的目標。我在交友網站上認識了一名女性，她直盯著我看，簡直把我當成動物園裡的展品；一名言語治療師在我去找她約會時拿了根吸管給我，要我像接受呼吸訓練的患者一般吹氣。我好想告訴那些女性：我不是不會叫、不會咬的乖狗狗；我跟她們一樣有欲望、有感情。

從以色列回國後沒多久，我遇到一名女性，她跟其他人一樣吸引了我的注意，我再次任由希望在心中紮根。我告訴自己那位教授錯了。他懂什麼？我也有錯綜複雜的期望，絕對不會善罷甘休。我確定她也對我有意思。某天晚上跟她一起出門吃披薩聊天時，我的心飛了起來。在短暫幾個小時內，我覺得自己跟其他人一樣正常。然後，她寫電子郵件跟我說她交了新男友，讓我再一次心碎。

我真蠢。怎麼能期望會有人愛上我呢？我憑什麼？我知道我太容易受傷，痛苦與悲傷來得太快。因此我好羨慕跟我同齡的人，他們享受了青春歲月，與生命衝撞，學會照著它的規則走。無論我多麼努力就是無法接受：在我心中旺盛燃燒的愛情欲望永遠得不到回應。

現在我望向大海，看著波浪拍打沙灘，想起某次在我主辦的溝通中心參觀日來了一對夫婦。我馬上就注意到他們，因為那名男子帶著他的妻子跟兩個小小孩前來，他跟我年紀差不多，夫婦之間的互動——從他們凝視彼此的眼神到情意濃濃的沉默與微笑——全都告訴我他們非常恩愛。

「我先生罹患末期腦瘤，正漸漸失去語言能力。」女子悄聲為我說明，她的丈夫正在看我們展示的器材，「可是我們想要盡量跟彼此說話，所以才會在今天來這裡，看能不能得到一些幫助。

「他想在還能說話的時候錄下影片，留言給我們的孩子，我想他也打算留一些話給我。」

她的表情突然僵住。

「我還沒準備好讓他走。」她低語。

想到不確定的未來裡將會少了這位生命中的船錨，她臉上一片荒蕪，彷彿海風刮過渺無人煙的冬季海灘。

「你們能幫幫我們嗎？」她柔聲問。

我點點頭，她回到丈夫身旁，悲傷刺痛我的心。怎麼能讓這樣充滿愛的家庭分崩離析呢？接著，我心中湧現另一種感覺，是羨慕，因為看著這對男女相視而笑，我發覺他們擁有愛人與被愛的機會，那是我求之不得的夢想。

馬丁在以色列的國際研討會現場示範

天搖地動

物理治療師推我出門，媽媽對她笑了笑。我已經厭倦每個禮拜都要來這裡，讓人扶起來，聽他們鼓勵我撐著疼痛的雙腿踏出蹣跚步伐。我還是照做，因為爸媽從未放棄看我再次走路的希望。我常想，家人是不是還記著過去的我，還念著那個小男孩，所以他們強烈希望我再站起來，或是用電腦語音說話，而不是使用字母板。

很難說服他們我的身體變化莫測：今天能站起來，並不代表我明天也做得到。有時候我感覺自己辜負了爸媽的期望，沒有照著他們的想法進步，可是我知道爸媽多半是如此。

有個小男孩來溝通中心接受評估，我們跟他母親說，他得要開始學著用頭戴式開關來溝通，因為脖子是他唯一能夠穩定控制的部位。但他母親非常堅持，要她兒子用手而不是用頭，她要他盡力配合，每個小地方都要跟別人一樣。

我懂為什麼爸媽想看我走路說話，可是住在像是屬於其他人的身體裡真的很累。因此我昨天跟媽媽說，這個禮拜我只想做一次物理治療，希望她能同意妥協。

「要約星期五嗎？」物理治療師停下我的輪椅。

我盯著媽媽，要她記住我說過的話。

「好。」她沒有看我。

白熱的怒氣在我的血管裡奔流。明天我要去見同事凱蒂，向她傾訴這件事。

「如果沒有人要聽，那我幹嘛溝通！」我要這麼說：「過了這麼多年，為什麼我都能說話了，大家還是不聽？」

不過現在我壓下憤怒，不讓它帶著其他情緒陪葬。因為對於發怒的恐懼比起憤怒還要強大。至今我還是無法表達憤怒之類的情緒，因為我已經強忍怒氣這麼多年了。即使是現在，受到單調的電腦語音限制，加上害怕旁人的疏遠，我還是不敢發怒。當了那麼久的局外人，我不想再被判出局。

隨著時間流逝，我發覺現在我害怕的事情很多：我怕做錯事、惹人生氣，或是沒把工作做好；我怕踩到誰的地雷、沒有準備好應付要求，或是發表一定會被人笑的意見。這種感覺揮之不去，也正是六年前開始與外界溝通時，我沒對媽媽說出真正想法的原因。

然而，我同時處於另一個世界。在那個世界，我是南非失去語言能力卻又修完大學課程的兩個人中的其中一個，還獲選與塔博．姆貝基總統會面。我曾經到國外旅遊，向數百人發表演說，受到同事敬重。

在我的個人世界中，儘管有家人跟朋友支持，我依然是那個被動的孩子，得要有人幫我擦屁股、推輪椅，看人臉色，在旁邊觀察，就跟以前一樣。爸媽繼續照顧我的身體，保護我不受外界傷害，但有時候我希望他們能多聽聽我說話。妹妹金姆從英國帶回各種新設備——浴室防滑墊、不讓食物掉出盤子的塑膠外緣——我不時覺得自己在她眼前是個復健個案，而不是她的哥哥。在其他人眼中，我是個偶然出現的弱勢族群，需要好好關注，或者是坐在角落靜靜微笑的男子。這一切都讓我覺得自己彷彿沒有半點權力，好像總是要尋求許可，生怕犯了什麼錯。過去的陰影一直籠罩在我身上。

我好想反抗，卻不知道要怎麼反抗。幾年前，我曾經有辦法偷偷摸摸做一些小小的壞事，還記得那股強烈的滿足感。當時我剛做完超痛的手術，媽媽抱我下車的時候，腳上的支架刮花了車子的烤漆，這個無意間的叛逆讓我滿心喜悅。

現在我沒辦法為這種壞事找到理由，也不能把自己的挫折全都怪到別人頭上。害怕的小獅子離不開母獅。我知道獨立要付出極大的代價，我必須學著伸張自己的權益，但有時候我納悶究竟能不能擠出做這種事情的勇氣。在二〇〇七年的上半年，我終於離開溝通中心，在科學研究機構擔任正職。這是很棒的晉升，很多跟我一樣的人永遠沒有機會接觸專業領域。

在新的工作場所，每個人都受到鼓勵，要努力學習，於是我向兩年制大學提出申請，卻得知我必須先拿到高中畢業證書。無論我如何耐著性子解釋，說我才剛以第一名的成績從一門大學課程畢業，沒有人願意聽我說。為了取得目前資格而攀越的高山毫無意義，因為我要進入的是使用另一套規則的體系。

於是，現在我每天晚上下班以後都要跟其他十六歲青少年一樣，埋頭研讀高中課程。當我努力往前邁進，壓在我身上的負荷有時候沉重到難以忍受，我很想問這究竟有什麼意義。仔細想想，不知道我會不會在下一個瞬間就太過恐懼，不敢相信自己真的拚出了一個地位，無法繼續奮鬥下去。

陌生人

等到我終於放棄人生，才察覺到不需要繩子鎖鏈，我們依然能與世界緊緊相繫——即便是最難以察覺的微小行動也可以成為羈絆。

一九九八年，我二十一歲，經過漫長的六年，我漸漸清醒過來，深信沒有人會知道這副軀殼裡頭藏著完整的靈魂。多年以來，渴望獲救的希望不斷落空，想到再也無法逃脫這個單調的存在，我把自己緊緊封閉起來。我只想結束生命，一場嚴重的肺炎幾乎讓我如願以償。

發現我得要去那個我恨到極點的鄉間療養院，我終於放棄了。我記得爸媽帶我們去見他們的幾個朋友。媽媽餵我吃午餐時，我知道根本沒辦法讓任何人察覺我不想再被送走。我的家人在我身旁聊天歡笑，根本不知道我有多絕望。

接下來的一週，我開始流鼻水，病況迅速惡化。我的體溫上升、開始嘔吐，人們馬上知道我不只是感冒了。我病得很重，爸媽送我去地區醫院的急診室，醫生開了一些藥給我，把我打發回家。等到我繼續惡化，媽媽帶我回醫院，要求照胸部X光。他們這才發現我得了肺炎。

我一點都不在乎他們會不會治療我。我心中只想著等爸爸去遠方出差，我就要被送走了。我知道我無法再忍耐一次。我的腎臟跟肝臟開始停擺，在意識朦朧間聽見爸媽擔憂地坐在病床邊討論。我知道病房裡還有其他病人，有時候會聽見警鈴大作，護士衝進來查看狀況。

悲傷在我體內挖出一個大洞。我已經活膩了。我不想繼續奮鬥下去。氧氣罩蓋住我的臉，我祈求他們把這東西拿開；物理治療師前來擠壓我的肋骨，清理我的胸腔，我希望她停下來：她試著將管子插進我不願配合的喉嚨，紓解壅塞的肺部，我希望她別再管我。

「我要把這個東西插進去。」她幾乎是惱怒地對我說：「不然你就會死。」

聽到這句話，我開心極了。感染努力搶奪我身體的控制權，我期盼它將我擊倒，放我離開這個煉獄。我聽見爸媽討論床邊的病歷資料，爸爸每次過來都會仔細看過。金姆也來探望我，她的腳步聲在病房外的走廊迴盪，她看著我，明亮的笑容幾乎劃破我周圍的黑暗。但外界任何刺激都到不了我心底，我茫然聽護士抱怨她們的工作環境，或是跟男友約會的經過。

「他走進電影院，站在我面前，我把他看得清清楚楚。」幫我清洗的時候，一名護士對她的同伴說：「他真的超可口。」

「少在那裡花癡了。」她的朋友笑著斥責。

感覺像是不斷被吸往兔子洞深處。我催促身體趕快放棄，在這個世界上沒有人需要我，沒有人會注意到我消失了。我對未來毫無興致，因為我只想死。希望降臨時，宛如一陣吹進墓穴的清風。

某天下午，我躺在病床上聽見有人跟護士說話。接著一張臉冒出來，我認出她是我小有交情的女生米拉。以前爸爸擔任療養院管理委員會會長的時候，她在辦公室裡幫爸爸簽支票。但是我不知道米拉為什麼要來看我，先前只有家人來過醫院。

「馬丁，你還好嗎？」米拉彎下腰，「我聽說你病得很重，想來看看你。真可憐。希望這裡的人有好好照顧你。」

米拉低頭看著我，一臉擔憂。她猶豫地笑了笑，我突然發覺在這世界上有另一個人，儘管跟我沒有血緣關係也沒有任何義務，真真切切地為我著想。無論我有多麼不情願，這個發現給了我力量。在那之後，我下意識地注意其他人的溫暖：我偷聽到一名護士跟同伴說她喜歡我，因為我是個好病人；有個看護拿乳液抹在我疼痛的肩膀上，不讓我長出褥瘡；出院那天，我坐在車裡，路過的一名男子對我微笑。這些小事不是一口氣冒出來，可是仔細想想，我知道這些來自陌生人的小動作漸漸把我綁回這個世界。

回到療養院後，某件事情終於把我緊緊與這個世界繫在一起。雖然那麼多人讓我相信我在這個世界上占有一席之地，失望依舊不斷蔓延：我甚至沒辦法好好死去。空氣填滿我的身體，我每天早上醒來，晚上睡著，讓人餵我吃東西，獲得體力，像是一株需要照顧的植物被帶到陽光下。我無法阻止旁人維持我的生命。

有一天，我躺在懶骨頭上，一名看護坐到我身旁跟我說話。她是新人，我跟她還不太熟，不過我認得她的聲音。她的雙手握住我一隻腳掌，幫我按摩，我感覺到她揉捏我疼痛醜陋的腳，揉開打結的肌肉，舒緩所有的張力。我不敢相信她願意碰我，她的行為讓我發覺或許還有一些小小的理由，我還不能完全放棄人生。或許我不像自己所想的那樣惹人嫌惡。

然後，我聽見熟悉的擠壓聲，是那位看護總是帶在身上的拉鍊筆袋，裡面裝滿她用來施行芳香療法的精油。「好啦。」她柔聲說著，薄荷的氣味穿透空氣，「我相信你一定好多了，對吧？另一隻腳要不要也試試看呢？說不定可以放鬆一點喔。」

當然了，她的名字正是維娜，那是她第一次對我說話。就在那一刻，所有碎片都拼在一起，成為完整的圖像。我不知道那些陌生人給了我什麼，直到其中一個人觸碰了我這副破碎、扭曲、無用的身體，我才知道我不是個徹徹底底的討厭鬼。也是在那一刻，我發現或許家人會不斷救起我們，但陌生人也有辦法幫我們一把——即使他們不知道自己正在拯救他人。

全都變了

我知道人生能在一瞬間毀滅：車子在擁擠的道路上失控，醫生坐下來宣布壞消息，或是一封主人以為永遠不會見到天日的情書讓人找到。這些事情都能在短時間內粉碎世界。可是會不會產生相反效果呢？人生沒有被毀滅，反而是獲得新生？男人看到一張臉，知道那張臉屬於他將共度餘生的女孩？

她會讓任何男人心上開出鮮花，但是跟她獨處談天後，我確信她還有其他特質。我在一個月前的元旦認識她。金姆從英國打電話回家，爸媽用網路攝影機跟她聊天，一開始我沒有多加注意，只是聽見她對今天一起玩的朋友介紹家人。我一回頭，看見一個金髮藍眼的女生，以及我見過最溫暖的笑容，我的世界再也回不到原樣。

她坐在金姆跟另一個深棕色頭髮的女生之間，她們笑得亂七八糟，臉擠在螢幕前。

「她是丹妮兒。」金姆朝深棕色頭髮的女生揮揮手，「然後她是瓊娜。」

「哈，馬丁。」她們一起打招呼。

我馬上聽出她們都是南非人。她笑了，我也回以微笑。

「喔！」丹妮兒說：「他好帥。」

我的臉燒得通紅，她們三個又笑成一團。金姆起身處理事情，丟瓊娜跟丹妮兒陪我大眼瞪小眼。

「給我看看你的手！」丹妮兒說：「我是職能治療師，所以我知道像你這樣的人手臂肌肉都很讚！」

我看著她們，臉更紅了。我不確定該說什麼。

「妳們玩得開心嗎？」我打字。

「超棒！」丹妮兒說：「你今天做了什麼事？」

「工作，跟平常一樣。妳們元旦過得如何？」

「超好玩。我們去了倫敦。很棒。」

瓊娜比丹妮兒安靜，不過只要我打出回應，她的視線就會往下滑。她在關注我的每一句話。我想聽她說話。

「瓊娜，妳怎麼會認識我妹妹？」我問。

「我們一起工作。」她說：「我跟金姆一樣是社工。」

「妳在英國待多久了？」

「七年。」

「妳喜歡嗎？」

「嗯，工作很辛苦，不過我樂在其中。」

她微微一笑，我們兩個聊了起來。都是些家常話，我們聊到聖誕節跟新年願望、喜歡的音樂、想看的電影。等到丹妮兒離開電腦前，我們繼續聊下去，文字似乎已經不重要了。瓊娜很美，非常美，也很好相處：她笑出聲來，說幾個笑話，聽我說的話，問我問題。我很少遇到聊起天來這麼沒有壓力的對象，兩個小時咻一下就過去了。

「我得走了。」發現已經過了半夜，我不情願地說。

「為什麼？」瓊娜問：「你不喜歡聊天？」

我好想告訴她我聊得多開心。

「明天要早起。」我不想透露是因為爸爸要送我上床，已經很晚了，他也想休息。

「好吧。」瓊娜應道。「可以加我臉書嗎？這樣我們就可以多聊聊了。」

「好啊。之後再聊。」

我們說了再見，興奮感在我心中滋滋作響。我關上電腦，帶柯傑克去外面跑最後一圈。瓊娜非常友善，她似乎對我很感興趣，顯然也想再跟我繼續聊天。

然而現實再次擊中我。就在聖誕節前，我遇到一個我很喜歡的女生，很高興她邀我去看電影。結果她帶了男朋友一起來，我覺得自己活像是可憐兮兮的狗兒，被人餵了一把零食。我現在是在興奮什麼？經過一次又一次的拒絕，一次又一次地證明我不是女人想愛的對象。如果瓊娜想要我的友誼——就跟其他女性一樣——那我得要克制一點。

回到屋裡，鑽進被窩，我答應自己要忘記發生過的事。瓊娜跟我之間隔了一個世界，現狀不會有任何改變。我太蠢了，怎麼會追求一個已經失敗過無數次的目標呢？

一封電子郵件傳來。

「嗨，馬丁。」瓊娜說：「我在等你傳訊息給我，一直沒有等到，所以我想直接聯絡你。跟你聊天真的很開心，如果你還想跟我說話，請讓我知道。」

我該怎麼做？沒有男人可以抵抗這種誘惑。

看看米老鼠？

「想問你一件事。」我看著螢幕上瓊娜的臉龐。

現在是二月中，自從認識以後，我們的聯絡沒有斷過。第一個禮拜是一些很有禮貌的電子郵件，一點一點地朝對方靠近，像是泳客決定下海前先把腳趾頭泡進海裡。不過我們很快就拋開那些小心翼翼，每晚在網路上聊天，每次都跟元旦那天一樣輕鬆，有一次甚至聊到天亮，卻還是有更多話想說。

我一直都不知道能與另一個人這樣相處——如此輕鬆又單純——也不知道跟女生說話可以這樣自然。我想知道她的一切，跟她聊彼此的生活、發生了什麼事，字句不斷從我們心中冒出。從最不起眼的細節，像是我們喜歡的歌，到我身為幽靈男孩的生涯中的重大事件，還有瓊娜深愛的父親過世了。在她面前，好像什麼都能說，因為她會以我從沒見識過的態度聆聽，她很有意思、很好笑、很敏感、很樂觀，對什麼都很好奇，也和我一樣愛作夢。我們提到生活中最小的細節，還有我們對未來的展望，我們一起開玩笑，笑個沒完，開誠布公地提起最深刻的情感，這都是我從來沒有做過的事情。不需要隱藏。

我覺得可以相信她。每次看到她的微笑，我壓抑情感的決心就薄弱幾分，早就忘記為什麼要這麼做了。我覺得自己又往這個新世界衝得越深。三十三歲的瓊娜大我一歲，她跟我妹妹金姆一樣是社工，住在艾塞克斯，離金姆家很近。不過跟多年來累積的一長串共通點相比，金姆要排在最後一個。瓊娜跟我發現我們小時候參加過同一場地區運動會，她在學期間甚至曾經拜訪過我的療養院。有那麼多次，我們幾乎要見面了，現在的相遇只是無法避免的結果。如果我相信命運，我想我們注定要相遇。

現在，瓊娜張嘴準備說話，看起來有些緊張，我對自己笑了笑。即使只過了短暫的時光，我已經能看懂她的表情，知道她是累了，還是高興、煩惱、氣憤。在聊天的期間，我花了好幾個小時研究她，發現她的面容不像某些人，不是面具——只要看得夠仔細，就能看出所有的情緒都寫在上頭。

「月底的假期我要去迪士尼樂園。」她一口氣說出來，「我想了一整個晚上，只是想說：你要跟我去嗎？我知道我們才剛認識，不過感覺起來時機還滿恰當的。」

我盯著螢幕，無法置信。隨著她說出口的每一個音節，幸福填滿我全身。

「我知道你沒有搭過長途班機，不過我們一定可以找到適合你的航空公司。」她說：「我已經查過機票了，還有機位。

「我打算出門兩個禮拜，不過你想待多久就待多久。我聯絡了之前訂的旅館，我的房間有兩張床，我們可以一起住。請好好考慮這件事。不要直接拒絕。

「我想見你一面，你應該也想見我吧？請不要擔心錢或者是工作的事。我知道你可能沒辦法放心，但有時候就是要試著拋下一些，對吧？」

我的手僵在鍵盤上。最讓我驚訝的是我一點都不害怕也不猶豫。她的邀約令我無法招架，我是欣喜若狂，不是怕得要命。她想見我。根本不用多問。跟瓊娜見面是我人生中最大的希望。然而想到要如何吐露心聲，我發現文字不足以表達一切。

「我很想去。」我打字，「真的。」

「真的？」她笑了，等我繼續說下去，可是我做不到。我看著眼前螢幕中的她，心思天旋地轉。

「我知道你需要幫助，我一點都不介意幫你。」她說：「我們剛好有機會見面，我想我們應該要好好把握！」她格格輕笑。我喜歡她的笑聲。

「妳為什麼想見我？」我不得不問。打從她邀請我參加這個瘋狂計畫開始，這個問題就在我腦海裡不斷兜圈。

她沉默了好一會兒。

「因為你是我見過最誠實的人。」她說：「還有，雖然我只認識你幾個禮拜，你讓我好開心。你逗我笑，你很有意思，也了解我說的一切，我沒有遇過這樣的人。」

我們一同沉默。我看見她朝著螢幕伸手，知道她想從六千哩外觸碰我。

「所以你真的會來？」她問。

「我想去。我會盡一切努力去跟妳見面。」

我注視她的臉。幾乎無法相信她對生命是如此篤定，認為一切都是那麼簡單，只要買張機票、跟陌生人見面。她很篤定我們總有一天都會找到真愛，也告訴我不能催促、不能控制，要讓它自動出現在我們眼前。她不像我，不覺得自己會被愛情擊敗，我感覺到她的樂觀漸漸沾染我的細胞，讓我相信一切都有可能。

「事情發生會適逢其時。」瓊娜告訴我，「命運幫每個人都規劃好了。」

我舉起手，湊上眼前的螢幕與她相觸。我真希望她就在我身旁；看著她的臉，發覺她是認真的，我的心思轉得好快。她想見我。她想跟我共度時光、更了解我。我等不及要知曉她的一切。不過有件事情得先跟她討論。

「我想親口跟妳說明我的狀況。」我寫道，「我希望妳了解我究竟是什麼樣的人。」

「好。」她說。

真正的我

「我不會粉飾太平。」我在電子郵件中這麼寫，「我要告訴妳我需要什麼幫助，如果看過這封信後妳改變心意了，那也沒關係。

「我什麼都吃，可以自己抓起食物，可是刀叉就要靠人幫忙了。我沒辦法獨自沖澡，不過我能自己洗身體、擦乾，只是可能要請妳幫我打開洗髮精的蓋子。

「我也需要妳幫我刮鬍子，因為我沒辦法自己來，只要衣服攤在我旁邊，我可以自己穿好。我沒辦法對付釦子、拉鍊、鞋帶。

「我需要妳扶我上下馬桶、從輪椅上下車。離開椅子，我無法獨立坐起，需要靠著東西。

「坐在普通輪椅上，我可以用腳來控制輪椅在樓板上移動，不過鋪了地毯的地方就沒辦法了。我可以推牆在室內活動，但還沒有強壯到可以上路。

「我想這些是最基本的事情。喔，我要用吸管才能喝東西。」

我看了螢幕最後一眼，按下傳送，心跳加速。把這些東西赤裸裸地寫出來，真想知道我是不是瘋了，可是我想要對瓊娜坦誠，因為我不需要看護或者她的憐憫。我不想成天作白日夢，在現實面前，幻想不堪一擊。我不敢奢望會有人願意救我，有哪個女性會無視我一點都不完美的身體愛上我。如果我想要別人愛上真正的我，她就要認識完整的我。即使我怕說出真相，心中有個角落堅信她不會在意。我無法解釋原因，就是知道她不在意。

隔天早上，我收到回信。

「這些都不是問題。」瓊娜寫道，「等到見面，我們可以一起解決。」

我心中的感受就像是最後一片枯葉從樹上飄落，平靜隨之而來。一切都是那麼的安靜。我這輩子都覺得自己像個重擔，她讓我感覺自己無比輕盈。

獅子心

瓊娜為何會如此毫不畏懼？自從她獨自前往美國後，我一次又一次地捫心自問。我的簽證來不及下來，沒辦法跟她在那裡見面。我們都失望極了，但至少現在知道我們見面只是遲早的事。

現在我正在學習與人生的嶄新形貌妥協。到目前為止，我的存在充滿了直角與俐落的線條，伴隨著命令與例行公事。但突然之間，人生變成滿是意料之外的彎道及混亂，那是另一個人帶來的改變。我訓練自己預期與接受的一切，全被瓊娜連根拔起：我乖乖地過著被工作跟學習填滿的嚴肅生活，然而她突然逗得我笑到流淚。我本來以為我永遠找不到愛情的對象，現在我開始抱持希望。我總是小心翼翼、顧慮旁人，可是瓊娜把我變得魯莽大意。她眼中沒有阻礙，只有可能性；她什麼都不怕，我也漸漸染上她的無畏。

她跟我說她童年的朋友脖子以下全身癱瘓，因此她學會不能只看人的外表。他才二十幾歲，在車子被火車撞上那一夜，他大概以為自己的人生失去了意義。沒想到他卻決心跟他父親一樣當個農夫。現在他已經結婚，擁有一片一千畝的農場。

「他可能沒辦法自己喝茶，可是他有辦法經營農場，因為他還能說話，這樣就夠了。」瓊娜說：「他比很多我認識的人都還要快樂。」

但我相信她的無畏是源自她在南非鄉間度過的童年，那片土地的自由氣息滲入她的內心。如果說她的勇氣有源頭，我想那一定是她父親，艾特・凡・魏克。他也是農夫，在三個兒女都大到可以照顧自己以後，他放他們在農地上亂跑。

「你們應該要不斷嘗試，直到什麼都做不了為止。」他常跟孩子這麼說：「而不是直接拒絕，什麼都不做。」

於是瓊娜跟她的手足從小就學會用槍，在父親耕作的農地上自由奔馳。他三十六歲心臟病發，做完血管繞道手術出院後的第一件事就是把一綑繩子拋上農地裡最高的枝枒，幫孩子做鞦韆，高高掛在乾涸的河床上。

「你們可以盪到多高？」他愉快地大喊，看著三個孩子在頭頂上翱翔。

艾特在數十年前就知道死期會來的比一般人早，但他不打算畏畏縮縮，過度保護自己或是孩子。因此他帶他們去看海，讓他們在浪花間游泳，總是盯著他們看，確認他們安全無虞，同時放他們挑戰大海與自己。當他們鑽進樹叢打獵時，他讓瓊娜跟她的弟妹坐在敞頂貨車的車斗上。

「如果他們摔下去，我會停車拉他們起來，不過在那之前，我不會多管。」有一次瓊娜朋友的母親看到他這樣載著孩子，他如此說明。

瓊娜最珍貴的回憶是她跟家人的年度假期，他們會去克魯格獵場邊緣的一座農場玩，那裡是他父親摯友的土地。在那裡的幾星期內，瓊娜跟弟妹徜徉在樹叢間，尋找獅子、牛羚、大象、羚羊，從野生動物跟自己身上學到寶貴的課題。

第一，了解人類的力量有多渺小，要保持謙遜：順著熟悉路途去喝水的大象會踩過擋路的人，一群蜜蜂不會無視伸進蜂巢嘗鮮的賊手。無論我們有多看重自己，我們都只是自然循環中的一個小小注腳。

第二，學會時時刻刻維持警覺。每天下午趴在高大乾枯草原間睡午覺的獅子幾乎是隱形。三個孩子要瞪大眼睛，看好每一個落腳處，就怕無意間踩中熟睡的猛獸。

最後，學會勇氣的藝術，也學會如何運用。面對憤怒的大象，他們知道要用最快的速度逃走，不過換成是獅子朝他們衝來，就要穩穩站在原地，想辦法讓眼前的大貓相信他們不是值得下肚的獵物。

這些是瓊娜小時候學到的課題，這份無畏給了她自由的靈魂，我直到現在才知道世間有這種東西。她一點一滴地將這種精神傳達給我，我覺得我的靈魂好像要開始飛翔了。

告訴她

昨天深夜，我寫信給她：「我一直想著妳。我愛妳。我必須告訴妳這件事。」我怎麼會知道？我無法肯定說出來，可是某個超越邏輯理智的概念告訴我這是真的。我只認識她幾個禮拜，卻已經相信我要跟她一輩子相守。

「我的愛。」隔天早上，瓊娜回信了，「你知道我想在信中寫出這三個字想了多久？之前我一直沒有機會。你讓我無比快樂。我愛你愛到心都痛了。」

看到這段話，我的心翻轉了半圈。

「我知道這很瘋狂，因為我們才剛認識。」我寫道：「但世界上沒有任何事物比妳還讓我確定心意。」

「我懂。」她回應，「我得要不斷提醒自己這是真的，因為有時候我不太相信自己的感覺。我怎麼能相信呢？我都不知道自己有這種感覺，我有點害怕。好像我再也無法控制情緒了。」

「我常問自己是不是瘋了，無論問上多少次，我都知道我一點都不在乎。」我告訴她，「我愛妳。就這麼簡單。」

我們說得很急，努力搞清楚這究竟是怎麼一回事，字句透過電子郵件、簡訊、網路電話滿天飛。

「可是我們都還沒見到面，你怎麼能如此確定對我的感情呢？」瓊娜問。

「因為我的每一個細胞都感覺到了。當我對妳說出這些話，我的心臟不斷緊縮。我知道從很多角度來看，這沒有半點道理，但我感覺我們是連在一起的。我覺得妳比任何人都能夠接受我。」

「我覺得我要瘋了。」她寫道，「我要停下來捏自己一把，因為我完全愛上了一個從未謀面的男人，卻感覺我已經認識你好幾年了。」

我能理解為什麼我們會對這團毫無預警闖入我們生命的風暴提出諸多疑問。它把一切掃得亂七八糟，世界在轉眼間天地變色。但愛情就是不講邏輯，我們虛幻的質疑馬上就消散了。多年以來我常聽人們說，當你遇到那個人，你一眼就會知道，現在我終於懂了。我從前未曾有過這種感覺。

糖與鹽

我跟瓊娜一起夢想未來，迷失了自我。

「我想跟妳一起跳舞。」我對她說。

我們用文字描繪一幅幅景象，討論見面的時候要做的各種事情。現在，沒有工作的時候我們幾乎一直掛在網路上，與彼此分享世界兩端的種種。南非跟英國的時差只有兩三個小時，生活陷入一定的規律。也就是說，早上我可以傳簡訊叫瓊娜起床，在我們上班前聊聊天，整個白天傳電子郵件，整個晚上掛網聊天。甚至在某一方要吃飯、接電話的時候也不會關電腦。如果瓊娜睡前打電話給我，我就用按鍵的嗶嗶聲表示「是」跟「不是」，這樣還可以說上幾句話。

我們對彼此的渴望是如此強烈，有一天我清早起床，決定傳簡訊給她，因為我知道她跟朋友玩了整夜，這時正在回家路上。

「妳把我吵醒了。」我跟她說笑，過了幾秒，我的手機嗶嗶作響。

「你絕對不會相信。」瓊娜回傳簡訊，「剛才我開門的時候鑰匙掉在地上，想說，糟糕，要把你吵醒了，然後才想到根本不可能。」

某天，右手痛了起來，我跟瓊娜說不知道為什麼會這麼痛。

「我昨天也傷到右手耶！」她笑著說。

我無法解釋這些事情，但也不需要質疑那些神祕的巧合，只要專心體會真實的部分就好。二〇〇八年四月，我訂了六月初去英國的機票。才過了六個禮拜，瓊娜跟我已經決定要在一起，我們可以一起討論接下來要怎麼做。我們已經知道我們愛著彼此，也就是說我們別無選擇，只能想辦法看要如何一起生活。

爸媽默默為我焦慮。航空公司會不會允許我獨自飛那麼遠？誰要端著小盤子餵我？在降落時誰來穩住我，不讓我被重力甩動撞到頭，因為我的平衡感不夠好。即使他們的疑問在我身旁的空氣沙沙作響，我提醒自己過去的誓言，我承諾要獲得獨立。我三十二歲了，距離第一次接受評估過了將近七年，我已經學會許多事情。現在是時候了。我不需要繼續害怕下去。

無論瓊娜跟我有多有把握，我們知道必須學著引導我們的關係，繞過其他人的憂慮才能維持下去。幾個禮拜變成幾個月，我們漸漸發現有些人懷疑我們的感情只是一同編織的幻覺，尚未經過現實中種種困難的摧殘。他們認為虛幻的情感無法持續，我能理解他們的狐疑：我們從沒見過面，過著完全不同的人生，這完全沒有道理。但有時我也希望瓊娜不會體驗到其他人的好意造成的痛苦。即使我已經很習慣了，我得要盡全力保護她，不讓她受到傷害。

「怎麼了？」某天晚上我這麼問她。

她的表情比平常還要疲憊，光彩全失。

「今天下午糟透了。」

「怎麼說？」

「我遇到幾個朋友，興沖沖地向他們說起你的事情。可是他們根本沒在聽，一直問我有沒有發現你有多脆弱。他們認為，我讓你相信我們可以共度未來是一件很殘酷的事情。」

她傷心得嗓子都啞了。

「好恐怖。」她說：「我什麼都說不出來，因為我不相信自己能說什麼。」

「抱歉。」

「不是你的錯。只是我不懂為什麼我的朋友會把你說成這樣。他們一點都不了解我嗎？感覺我成了他們無法信任的小孩子。」

「我很了解妳的感受。」

她的臉先是亮了起來，接著又陷入悲傷。

「這讓我想到，如果其他人遇到我們，他們會有什麼想法。」她說：「發現他們只會看到你的輪椅，我好難過。他們錯了。我的朋友甚至沒提到我們還沒見過面。他們只忙著擔心最不重要的問題。」

「這種事情常常發生。」我寫道：「除了我沒辦法走路的事實，人們什麼都記不住。」

「我知道。」她很傷心，「不該是這樣的。」

我看著瓊娜說話，心中充滿伸手摸摸她的欲望，我想要實際安慰她，告訴她，我們要證明其他人都錯了。真希望我有辦法讓她知道我對我們有多少信心。愛情是另一種形式的信念。我知道我們的愛情貨真價實，我完全相信它的存在。

「大家要學著面對我們，因為這是我們的感情，我們沒辦法改變。」我對她說。

「你想他們會懂嗎？」

「會的。」

她沉默了一會兒。

「發現我沒辦法在朋友面前談論你，我覺得好難過。感覺像是我再也無法對他們傾訴我生命中最寶貴的事物。」

「或許之後還有機會。看到我們無論發生什麼事都會在一起，說不定他們會改觀。」

她對我微笑。

「或許吧，我的親親。」她柔聲說。

這是我現在的稱謂：我的親親，我的愛。

我們當然會遇上許多阻礙。兩人分處不同大陸，光是透過電話跟網路說話，而不是當面懇談，這種相處模式很容易引發誤會，所以我們定下一些規則。第一條就是我們必須永遠對彼此誠實；第二條是我們要一起解決問題。

「哪有每天吃糖的道理。」南非的孩子在外頭被欺負、哭哭啼啼回到家時，媽媽會說這樣的話，告訴他們世界上沒有事物完美無缺。

瓊娜跟我知道這句話，也很了解我們正在體驗的挫折——無論是他人的質疑，或是航空公司高層不太願意接下我這個客人——只讓我們更接近。為了訂飛往倫敦的機票，我得要提出體檢報告跟許可，請醫師填寫各種表格跟說明。瓊娜跟我一樣堅信我們不會被打倒。某天早上，她從辦公室打電話給我，感覺像是我們擊敗了這個世界。

「航空公司答應載你過來。」我聽到她說：「你可以來英國了。」

這是莫大的勝利，不過還有其他小問題，我們得要學著一起克服。

「我想到我永遠不會聽見你叫我的名字。」某天晚上，瓊娜這麼說。

我們過去沒有提起這件事情，然而我聽得出她嗓音中的苦楚。

「我永遠聽不到你說『我愛妳』，這讓我傷心極了。雖然我根本不知道為什麼會想到這個，但就是停不下來。感覺像是我失去了東西，但連自己也不確定究竟是什麼。」

我真想安慰她，卻不知道要怎麼做。過了這麼多年，我把自己的沉默視為理所當然，早就不會悼念我根本沒有印象的聲音，可是我知道瓊娜正為了珍貴的事物傷心。

幾天後，我們在網路上聊天，我按了幾個鍵開啟溝通系統。我很少用語音跟瓊娜說話，因為現在我的手夠強壯了，可以順利打字聊天，而且筆電跟網路線不太相容。不過自從她說想聽我的聲音之後，我一直忙著為她做一件事。

「聽好。」我寫道，「我有話要說。」

她安靜下來，我按下最後一個筆電按鍵。

「瓊娜。」聲音響起。

是完美保羅，他照著我的指導唸出瓊娜的名字。我花了好幾個小時調整他的母音跟子音。完美保羅不是用英文的發音——瓊安娜——而是使用她聽慣的南非荷蘭腔——瓊娜。

「我愛妳。」完美保羅說。

瓊娜先是微笑，然後笑出聲來。

「謝謝。」

最近我寄給她一封信，裡面裝著我雙手的照片，因為她不斷跟我說她好想觸碰我的手。

「現在我有你的陪伴了。」她的微笑從世界的另一端傳來。

人生中有鹹也有甜。我希望我們能夠永遠共享這兩種滋味。

墜入

墜入愛河這個詞一點都沒錯。我們不是滑進去、溜進去，或是摔進去。在決定跟某個人一起跨出懸崖邊緣、看能不能一起飛起來的那一刻，我們便一頭栽下去了。愛情不講道理，是我們自己選擇要冒所有風險。我知道這是一場豪賭，因為在見面之前，我們總會有些許懷疑（無論有多麼微小）。跟她一起學習的課題中，最重要的就是人生是一連串的冒險，即使它們讓你怕個沒完。

認識瓊娜一個禮拜後，我任由自己愛上她。她寄了電子郵件給我，我正準備回信，卻突然停住。

「我真的要再拿我的心冒一次險嗎？」我想，「我要再賭一場嗎？」

提出問題後，我馬上就知道了答案，因為我最想要的獎品正掛在眼前。我知道我該怎麼做。不過我答應過自己，如果打算找到真愛，而且這份愛會被生命中不可避免的風暴摧折，我絕對不能裝成自己以外的人。無論什麼話題，我都想對瓊娜完全誠實——比方說我遭受的虐待、我的照顧需求，或是我想跟女人做愛的渴望——因為我不能再讓恐懼逼得我隱藏自己。

有時候，說出這些事情時我會覺得勇氣百倍；有時候，害怕被拒絕的想法如影隨形，不過我強迫自己繼續下去。自從我被人推進房間裡，要求我專心看球的圖片之後，我學會的各種事情讓我有辦法拿真心出來冒險。偶爾會遇上痛苦的教訓，然而踏入世界、犯錯、進步，這些經驗告訴我光是跟學術計畫一般枯坐是絕對體驗不到人生的。一定要親自走一遭，而我已經深埋在工作和學習中太久，逃避它太久了。

現在我能了解為什麼會發生這種事。在漫長的時光中，我不知道要如何進入這個世界。我覺得世界好混亂，讓我好迷惑，從很多層面來看我只是個小孩子。當時我相信善良與邪惡都是黑白分明，就像是我看了好幾年的電視節目，我會說出我看見的事實。不過我很快就學到大家想聽的不一定是事實。看起來是正確的事不一定表裡如一。這很困難，因為我要學習的東西往往看不見、摸不著。

最難掌握的是織網般複雜的禮貌規矩，還有同事間的權力結構。我知道學習這些規則會有很大的幫助，可是我太害怕了，連試都不敢試，就怕犯下錯誤。我在會議中不會發言，也不會花好幾個小時把字句輸入電腦，以防有用上的需要，我只是保持沉默。我不會跟不熟的同事坦然說話，在他們面前安安靜靜。有個人跟我說她只是在當我的「保母」，我茫然盯著她，因為我不確定該說什麼。

不過我漸漸學會信任自己的判斷——即使偶爾會出錯——發覺人生其實是各種亮度的灰，並不是非黑即白。最重要的是如何冒險，因為在我學習溝通前，我沒有冒過任何險。開始工作以後，我被逼得不得不冒險，不然我永遠爬不上去。於是我多花了許多時間，要是上級派給我無法處理的工作，我會保持安靜；要是同事受到誇獎，我得要壓抑滿心失望，因為我覺得那些工作我也做得來。不過，我遇到許多願意幫助我、指引我的人，他們在我懷疑自己的時候聽我說話，支持我。

各位絕對無法估測，有時候我是多麼無法信任自己。我試著解開複雜的電腦問題，但是過去數年被人當成智障看待的陰影依舊纏繞我。直到開始工作我才發覺，在療養院裡度過的日子使得我極度需要熟悉感與固定作息。我只想要繼續往前走，卻不時感到無比失落，陷入自我懷疑的泥淖，根本無法放鬆。

熱愛固定規律或許就是我難以離開工作的原因——無論在健康中心的第一份工作（歸檔跟影印），或是在溝通中心大展身手的機會。在每個地方，我都覺得很安全，很難從中脫身。

目前這份科學研究機構的全職工作讓我有些不安，但也逼我習慣自由，因為我突然換到不同的環境，工作內容可能會毫無預警改變，期限也可能會調整。一開始，我感到難以招架，在這麼多擁有證照、教育文憑、豐富經驗的人身旁，我只是自學讀寫的二十八歲青年，電腦的知識大多是坐在桌前學到的。我深信我跟不上同事的腳步，更別說是跟他們競爭了。

不過我漸漸發現重點不是你用什麼方法抵達某個地方，只要你值得待在這裡就好。隨著時間過去，我的自信越來越強大，也發現自己受到同事信賴。我的學習方式並不重要，人生充滿了動態平衡，有小小的勝利也有小小的失敗。我花了好幾年期盼大事發生，把我的人生帶到無法預期的境地。現在每天、每週、每月都在面對這些改變，儘管有些困惑，我還是學到這就是人生——無法預測、無法控制、刺激萬分。

我與人生還是有隔閡，因為我從來沒有機會去徹底了解一個人，跟他們產生羈絆，只有墜入愛河才有這種效果。然後我認識了瓊娜，現在我已經準備好要跟她一起冒最大的險。這輩子，我第一次不去顧慮其他人的想法，或是煩惱要如何保住面子、給人好印象。我不在乎會不會讓人失望，或是工作表現不佳。自從透過工作跟學習、奮鬥，開始與外界溝通，我一直在努力證明自己的正當性。然而我最不需要證明的就是瓊娜。

前陣子我跟她說，我想在抵達英國前讓她看看我的長相。我坐在電腦前，右手拿著網路攝影機，左右調整。我先讓她看我的臉，接著是我的雙臂跟蓋住胸口的鬆垮棉T恤，最後才把鏡頭往後拉，給她看看我每天坐的輪椅。她先前當然看過我的輪椅，不過現在我是自己拿著鏡頭，讓她看見每一個細節，毫無遮掩。看到鏡頭指向托著我光裸雙腳的金屬板，瓊娜輕笑幾聲。

「毛茸茸的腳趾頭！」她笑出聲來。

我看著螢幕，想從她臉上找出恐懼或是困惑的蛛絲馬跡，不過我知道我絕對找不到。我這輩子一直都是這種臉，所以能在一瞬間分辨出來，可是瓊娜臉上只有笑容。

「你好美。」她柔聲說。

她對我的信心讓我知道，為了她賭上一切是正確的選擇。

攀爬

我盯著面前聳立的沙丘，看它在熱氣中閃閃發亮。

「準備好了嗎？」弟弟大衛問道。

我點頭。

我們到納米比亞度假。媽媽在這裡出生，金姆從英國回家一趟，我們一家人一起來看她生長的國家。我凝視沙丘，心想我到底有沒有辦法爬上去：至少有一百公尺高。爸媽出去探險了，我跟大衛說我想爬上丘頂。他一臉訝異，下了車，把我的輪椅從後車廂扛出來，扶我坐上去，推我到沙丘前。我仰望高聳的沙丘，想收集一些丘頂的沙子送給瓊娜。這是全世界最高的沙丘之一，而沙漠是她最喜歡的地方。

「到了那裡你才知道什麼是完完全全的安靜，你絕對沒有聽過那樣的聲音。」她跟我說：「景色非常廣闊，每個小時都在變化。就連沙子也比你摸過的任何東西都還要細緻。」

因此我想從丘頂上裝一瓶沙子，請金姆帶回英國給她，讓她想起我，還有她曾經跟家人一起來沙漠玩的回憶。閃耀的熱氣一波波襲來，我抬頭看到人們攻頂後從沙丘上跑下來。經過漫長的攀爬，他們跌跌撞撞地滑落，又笑又叫。

「你要怎麼上去？」弟弟問。

我不太確定。大衛托著我的右邊腋下，扶我站起來，接著我雙膝著地。我沒辦法爬行，於是弟弟拉著我向前，我試著將另一手插進沙中，往前推行。我們緩緩前進，走下來喝冷飲和乘涼的遊客驚訝地看著我們。現在將近正午，不適合爬沙丘。沙子又暖又軟，不斷崩落，我得要把自己挖出來才能再往上一些。我們應該要在黎明時分挑戰，沙子會比較涼，比較結實。

陽光無情地灑落，大衛把我往上拖。我們都開始流汗了——他拉，我把手肘撐入沙中推地，分擔一些弟弟身上的重負。我們越爬越高，我在沙中掙扎，大衛拉著我往上爬。越靠近丘頂，沙丘越陡。

「你真的想一路爬上去？」停下來休息時大衛問我。

他的視線往上飄，我也跟著看過去。我一定要攻頂。宛如跳舞祈雨的迷信土著，我必須說服上天對我微笑，向瓊娜證明，為了她，沒有跨越不了的阻礙——即使是我的身體。這是最終的證明，她成了我的一部分，我必須讓她看見她幫我成就了超出我想像的目標。

大衛疲憊地嘆息，我對他微笑，我們再次啟程，一公尺一公尺往上爬。我們的髮間、嘴裡、眼中都是沙子，在沙丘上彈跳的陽光亮得炫目。

「不要停！」一道聲音傳來：「你們快到了。」

我往下看。金姆走過來加入我們。在遙遠的地面上，爸媽站在車子旁仰望我們三個，對我們揮揮手。

「走吧。」大衛說。

我們已經爬了四十五分鐘，跟我們一同出發的遊客早就回到地上了。我們要使出最後一分力氣抵達丘頂。已經很近了。我又一次想到瓊娜，手臂插進沙地，推著身體往上。我一點一點接近丘頂。頭頂著湛藍天幕，我的嘴巴好乾，心臟狂跳。我聽見大衛氣喘吁吁，幫我推了最後一把。我們可以休息了。

在沙丘頂上，金姆坐到我們身旁。大家忙著穩住呼吸，沒有人開口說話。腳下的沙漠往四面八方蔓延，好似無邊無際的大海。金姆靠著我。她手中握著一個玻璃瓶。我看她打開瓶口，遞給我。我把瓶子塞進沙中。

馬丁在納米比亞的沙丘上

機票

當我盯著電腦螢幕，狠狠啃咬我喉底的究竟是憤怒還是挫折？還有十天，我就要去英國了。在辦公室裡，我收到旅行社承辦人員的電子郵件，先前我請他幫我報加拿大航班的票價。三個月後，我要去那裡參加研討會，也請瓊娜陪我過去，而不是找爸媽幫忙，過去總是他們陪伴我到處跑。旅行社人員想知道我是打算跟媽媽還是女朋友一起去加拿大。顯然在他打電話到我家通知一些資訊時，媽媽接起來跟他說要訂機票。我知道她在想什麼。

「金姆有個朋友在網路上交了朋友，以為她完全愛上他了。」幾天前媽媽這麼說：「等到她跟對方實際見面，發現兩個人一點都不合。我聽說這種事情常常發生。」

我思考究竟要如何讓媽媽知道我知道自己在做什麼。這就像是跟相信天空是綠色的色盲人士說那其實是藍色。

「瓊娜跟我很了解彼此，不會發生那種事。」我用字母板回應她：「我們很確定自己的感覺。等到我們見面，一切都會非常順利。」

媽媽嘆了口氣。

「馬丁，希望是如此。」她說：「真的。」

我能理解她的恐懼。她的孩子隔了二十年才開始展翼飛行。她等這一刻等了好久，現在卻又怕得不敢面對。這輩子我一直停留在童年：一開始是幽靈男孩，接著是近年爸媽不斷干涉我的每一步。他們很難想像我獨自一人飛過半個世界，我懂，因為我也有點怕。

之前我只有自己搭過一次短程的國內線，現在我要獨自跨越海洋去見瓊娜，有太多實際的因素需要考量。我知道爸媽只想保護我，但我也知道不能在他們的期盼與恐懼中安然度過餘生。到了某個時刻，我將要離開他們，躍入未知。

「我的愛？」

瓊娜的訊息跳上我的螢幕。幾分鐘前我傳簡訊跟她說需要談一談。

「謝天謝地，妳在線上。」我回應：「有件事要告訴妳。」

我跟她說明媽媽做了什麼事，擔心她會為了我著想，放棄這個機會。

等我解釋完，瓊娜回道：「可是你母親為什麼要插手呢？」

「因為她發現我打算訂機票，她說她擔心如果不趕快開票，票價會變貴。」

不需要說媽媽還擔心瓊娜會在我去英國見面後跟我分手，這樣我就多了張沒有人用的機票了。

「你不能阻止她嗎？」瓊娜寫道：「告訴她我們要一起規劃？」

「我試試看，只是不確定她會聽。」

「她要聽啊！」

我的螢幕空白了一分鐘。

「我生氣了。」最後瓊娜這麼說：「我不懂為什麼你母親會涉入這件事。決定權不是都在你手上嗎？如果你需要任何幫助，我可以幫忙。」

真希望能跟她解釋清楚，讓她知道事情沒有這麼簡單。我們一直都能夠理解彼此，但突然間，我想這會不會是我們第一次的意見衝突。

「我好生氣。」她寫道：「你就不能叫她不要多管嗎？」

這是我們之間最接近爭執的對話，我有些害怕。要如何跟這個在樹林裡漫步、在深海中游泳的女孩解釋我家的情況呢？我要如何讓她了解，我們的人生經驗有多大的差異？

「早上扶我起床的人是我爸媽。」我寫出來，「也是他們幫我換衣服，餵我吃早餐，幫我洗澡，送我去上班，接我回家。

「如果我惹他們生氣了，他們不想幫我做這些事情的話，我要怎麼辦？當然了，我知道他們不會拋下我，因為他們愛我，永遠不會傷害我。

「可是知道是一回事，並不代表我不會害怕。坐在輪椅上的我需要旁人協助大小事，跟一般人不一樣。」

我的螢幕又空白一會兒。六個字跳了出來：「對不起，我的愛。」

我們同意今晚來談一談，不過我想先跟爸爸聊，於是我寫電子郵件給他，問他可不可以代表我跟媽媽說話。不過一直到晚餐後，我跟爸媽坐下來，才提出了這件事。

「我要跟你們談一件事。」我用字母板說：「很重要的事情。」

爸媽看著我。心臟在我胸口衝撞。如果想讓他們理解這件事對我有多重要，我就得直接說出來。

「我要跟瓊娜一起去加拿大。」我說：「旅途中她會協助我，因為我希望她這麼做。」

媽媽一副欲言又止的模樣，我祈禱她能安靜地等我把話說完。

「我知道你們不看好這個計畫，但你們要開始相信我。讓我有辦法自己做決定，自己犯錯。你們不能保護我一輩子，在遇見瓊娜以後，我對自己的能力更有自信了，我們會一起努力的。」

媽媽沉默了好半晌。

「馬丁，我們不想阻止你做任何事。」她說：「我們只要你幸福快樂。」

「我知道。」我對她說：「如果這真的是你們的希望，那麼一定要給我這個機會去尋找我的幸福。請給我這個機會。請讓我做這件事。」

爸媽沉默一會，媽媽站起來。

「我再去泡一些咖啡。」她低聲說。

爸媽都沒再說什麼。有太多事情他們沒有說出口。我只希望這回他們會聽我的。

到家了

在機長宣布我們正飛過巴黎上空後，我感覺心跳暫停了上千次。現在，一名男子推我穿過希斯洛機場，我幾乎希望心臟就此停歇。瓊娜在這幢巨大建築裡、在牆的另一側，就在短短幾分鐘之外。我試著維持呼吸順暢，失敗了。過去六個月來的鮮艷世界會在我們終於見面的那一刻喪失所有色彩嗎？

「先生，快到了。」我聽到一個聲音說。

真希望能讓我預演一次。會不會有個導演大喊「卡」，然後我能再順一次台詞？說真的，我的台詞是什麼？我要說什麼？我心中一片空白。

這趟飛行就像一場攻堅行動，我得一步一步做到好：從辦公室回家，拎起我的行李，到機場報到，搭上飛機飛十一個小時，不吃不喝，確保我不會把東西打翻在自己身上，蓬頭垢面地跟瓊娜見面。就在飛機著地，我以為已經解決了所有的關卡，一名表情嚴峻的機場人員上飛機來找我。

「你要去哪裡？」他問。

瓊娜跟我演練了好幾遍，模擬我會遇到什麼問題，我也準備好搭飛機專用的溝通板。可是上頭沒有這個問題的解答，男子不悅地看著我，等我說話。

「你要轉機去哪裡？」他問。

我盯著他。

「你的最終目的地是哪裡？」

我的沉默令他挫敗嘆息，最後他提出了我可以回答的問題。

「倫敦是你的最後一站嗎？」

我點點頭，他對一名年長男子打個手勢。

「他就交給你了。」他說，我被推下飛機，遭到撲克臉的海關人員詢問，他在我的護照上蓋章，接著我又被送到行李帶旁。

我經過好幾哩長的走道，來到兩扇白色自動門前，門板在我面前滑開。地勤推我出來，我看見一道長長的金屬柵欄，許多人站在另一側。有人高舉牌子朝我的方向揮舞；家人們聚在一起，滿臉期盼。數十雙眼睛掃過我，接著發現我不是他們要等的人。牌子垂下，臉龐轉向別處，他們繼續等待。我東張西望，看過一張張臉，生怕出了什麼差錯，瓊娜沒辦法來接我。那我要怎麼辦？

「馬丁？」

我轉頭。她在這裡。我幾乎無法呼吸。她比我想像的還要漂亮。她對我微笑，傾身靠近我。

「我的親親。」她用南非荷蘭語跟我打招呼，「我的愛。」

我先是有些不知所措，接著我們的手臂環上彼此的身軀。而且，在我第一次擁抱她時，我發現她身上有糖果跟花朵的香味。我知道我永遠不會放開她。

我到家了。

在一起

好多好多的第一次讓我醉了、暈了：坐在對面的她抬起頭，露出微笑；在她的吻中迷失自己；看著她選擇菜單上的餐點，皺起眉頭思考；在傾盆大雨中，跟她一起坐在鵝耳櫪樹下。

「我的親親。」她一遍又一遍地說著，彷彿想說服自己我真的在這裡，「我的愛。」

在瓊娜的公寓裡待了幾天後，我們來到蘇格蘭，跟金姆還有一些朋友慶祝她的生日。現在只剩下我們兩個，但我們幾乎沒有離開小屋去欣賞高低起伏的丘陵、低垂的閃亮天幕。我們只是待在屋內，或坐或躺，總是手牽著手，肩膀貼著肩膀，或是一條腿放肆地跨在對方大腿上。經過那麼多個月的渴望，我們連一刻都不想分開。

我很少用字母板，而是直接在她的身上寫字，指尖滑過她的皮膚，讓她讀出我的心意。那些字句幾乎沒有用處，幾個月來，我們已經聊得夠多了，現在不需要言語，因為瓊娜光是看著我的臉，就能讀懂我的千言萬語。一挑眉、一個眼神，便足以回答她提出的各種疑問。來到這裡前，我曾想過我們會不會拘謹地結結巴巴，不知道該說什麼，或是尷尬地努力說一些毫無意義的笑話逗對方。在機場相遇後，我們吸入彼此的靈魂，對方的存在令我們無比安心。

我從未遇過能這樣完全接納我的人，也沒有遇過內心如此平靜的人。瓊娜不會拿隨意的閒聊填滿空間，而是帶著我飄盪在我們在一起的事實中。有時候被她一碰，我會差點驚訝得跳起來——她撫摸我的手時，我的手指會不自覺伸縮；她親吻我的眼皮，我的下巴就陣陣抽動。彷彿我的身體還不太相信她的溫柔。從來沒有人樂於和我相處。這是最簡單，也是最完美的感覺。

我們用彼此的皮膚繪製地圖，指尖劃過臉頰、下巴、雙手的線條，花了許多時間把對方的觸感刻入心中。我們的雙手握得天衣無縫，我摸摸她小時候手卡進雞舍留下的疤痕。我不知道愛情會如此深入所有感官：看著她的笑容、吸進她的氣味、聽她的聲音、品嚐她的吻、觸摸她的皮膚，我的每個細胞都搭上她的節奏。

我們沒有做愛。在抵達之前，我們已經說好不要急，畢竟我們還有一輩子的時間。我還沒求婚，可是瓊娜跟我都知道我們會結婚。我們早就討論過了，也知道我會搬到英國，在這裡展開新生活。如此輕易就做出決定，我驚訝極了，感覺我們是彼此的延伸。度過了連最不符合邏輯的事情都會搞得無比複雜的半生，這股簡潔的氣氛令我狂喜不已。做愛是我們之間的最後一塊拼圖。我們要留到結婚當晚再拼上。

過了一天又一天，我們越來越了解彼此，感覺瓊娜正在治癒我心中淤塞多時的傷痛。我已經習慣人們哄我做什麼事情，或是要我乖乖坐著，其他事情交給他們就好。但瓊娜接受我的面貌，沒有哀悼我曾經擁有的健康。最讓我吃驚的是她對我的復健幾乎毫無興趣。她沒有逼我做任何事情，就算我做不到，她的表情也不會改變分毫。帶著舊筆電到處跑不太實際，可是她一點也不介意我手邊只有字母板。她不想聽到我的「聲音」，也不像等著抓起滿地爬的小孩的媽媽在旁邊兜轉。她只在我需要的時候伸出援手。她相信我了解自己的身體，也接受我有時候的表現會比較差的事實。

「不是你有問題，是你的手。」有一天我跟上衣奮鬥許久，因此感到挫折不已，她這麼對我說：「讓它們休息一下，明天再試試看。」

就算無意間犯了錯，她也不會跟其他人一樣驚慌失措，羞恥萬分。

「我的親親！」某天早上她發現我癱在床上，不禁喊出聲來。

她放我自己換衣服，可是我在套上衣服的時候失去平衡，像一棵傾倒的橡樹直挺挺倒下。

「你沒事吧？」瓊娜一邊輕笑，一邊扶我起來，「下回我一定要把你放穩一點！」

她沒有尷尬又困惑地道歉，或是為了自己的錯誤深感愧疚，如此簡單的回應讓我心頭一鬆。她只是親親我、笑了笑，離開房間讓我穿好衣服。如果她想說些什麼，那她也會直接說重點，就像是幾天前的早上，我跟平常一樣低頭喝咖啡。「我不懂為什麼你每次吃東西或是喝東西都這麼快。」瓊娜說：「感覺你總是在趕時間。」

我楞了一會兒才聽懂她的意思。我沒有慢慢吃東西過。飲食一直都是匆匆忙忙的，只是在補充身體的燃料，用最快的速度解決，因為其他人花費了寶貴的時間在幫我。我甚至很少想到要品嚐食物飲料。那天晚上，瓊娜給了我一大匙焦糖奶油，我放慢速度，好好品嚐一番。首先是甜味，接著濃郁的深色焦糖在我舌頭上氾濫，最後是最細微的苦味，還有沾染香草香氣的奶油。

「你看起來真快樂。」瓊娜說。

她跟我說，我享受一切的喜悅就是我給予她最大的快樂。她說她沒看過有人跟我一樣全心享受事物，看到這個世界不斷給我驚喜，她很快樂，因為只要有多少件新鮮事，就有多少種體驗喜悅的方式。

在這之前，這些都只是最私密的想法，能與瓊娜分享所有的喜悅是莫大的幸福。我瞪大眼睛欣賞緋紅的落日，或是車子繞過一個彎，看見翠綠景色在我們面前蔓延，我臉上的驚喜微笑都能逗她笑出來。

自從抵達此處後，她對我的接納是我開始嘗試更多事物的原因。她讓我想要相信這副我早已喪失信心的身體。兩三天前的早上，看瓊娜在廚房裡忙了一個禮拜，我決定要來試試看。之前我連咖啡都沒泡過，因為我的手抖得太厲害，沒有多少人敢讓我進廚房。可是瓊娜幫我煮了一個禮拜的飯，聽到我說要換我做早餐，她沒有多說什麼。

離開前，她在我的右手綁上泡棉握把（這東西可以幫我抓起刀子湯匙之類的小東西），轉開咖啡粉跟果醬的蓋子，因為她知道我永遠沒辦法自己開罐子。

「那我去看書囉。」

我盯著面前的熱水壺。我不敢倒出滾燙的開水，不過我可以按下加熱的開關。我啟動熱水壺，然後盯著眼前流理台上的整罐咖啡粉。它幾乎跟我的眼睛一樣高，我緊盯著它，伸長手臂，從輪椅上盡量往前傾。我的手指頭扣住罐子，往我的方向拉，取下蓋子。接著我拎起湯匙，它是我的宿敵——遲鈍的雙手很難握住小東西。

湯匙在我顫抖的手中搖搖晃晃，我把它插進罐子裡，挖起咖啡粉。粉末從抖個不停的湯匙裡散落，我試著抽出湯匙，殘留在裡頭的最後一些咖啡粉全灑在流理台上。挫折感燃燒起來，我真想命令不聽使喚的雙手屈服，一次就好。我試了一次、兩次、三次，才在兩個杯子裡各添入一大匙咖啡粉，接著要放糖。等到我承認自己的失敗，一個杯子裡的咖啡已經多到可以泡出柏油，另一杯稀得像水。至少是個開始。

接著是土司。瓊娜已經在烤土司機裡放了兩片麵包，我按下開關，沿著流理台去拿奶油跟果醬。我把它們放在大腿上，推動輪椅，從流理台移向餐桌，將兩樣東西放到桌上。接著再次橫越廚房，到收納盤子的櫥櫃前，彎下腰，打開櫃子，抽出我需要的餐具，回到桌邊擺好。

最後我需要刀子。誰說早餐是一天中最簡單的一餐？我可不這麼認為。有太多不同的事情要處理。土司跳出來，快要涼掉了，熱水壺裡的水滾了。如果想讓瓊娜吃到熱騰騰的早餐，我的動作可要快一點。

我從抽屜裡抽出兩把刀子，土司擱在大腿上，最後一次移向餐桌。雖然無法往咖啡杯裡倒熱水，我下定決心，至少要塗好奶油跟果醬。我把土司跟一把餐刀放在桌上，拎著另一把餐刀，試著穩住，但它在半空中瘋狂晃動。我看著刀刃插進奶油，再抽出來。我盯著自己在那塊原本是個完美黃色長方形上挖出來的裂縫，把抖動的刀子抹向土司。一團黃色奶油橫躺在土司中央。

現在輪到果醬了——我的聖母峰。我把果醬罐拉過來，餐刀插進去。刀刃跟瓶身互相碰撞，我抽出刀子，最後在土司的另一端煞住。我強逼刀子往下，用意志力控制它擊中土司的側邊，它卻滑過盤子，在桌面上留下一道閃亮亮的紅色痕跡。我瞪著一團亂的土司，又望向灑滿咖啡粉跟糖的地板。奶油看起來像是被野生動物啃過，果醬在餐桌上火山爆發。

我滿心陶醉。弄好土司，裝好咖啡粉，水也滾了——瓊娜可以吃早餐了。我拿湯匙敲敲桌面，告訴她我準備好了，她走進廚房，臉上泛起笑意。

「你幫我做了好棒的早餐！」她說。

她坐下來，我向她發誓我會學著為她做更多，要我的身體更服從命令，未來才能把她照顧得更好。

「我的親親。」瓊娜說著，先是細細打量桌面，接著才望向我，「跟你說，你不需要用刀子。」

我挑眉表達懷疑。

「下回試試看直接用手如何？這樣對你來說簡單多了。重點不在做事的方法，只要走對路就好。」

我們沒有多說半句話，一同吃起土司。之後，我揚手摸摸她的臉頰。我終於知道愛情是什麼了。我知道我永遠不會對瓊娜以外的女性產生這種感覺。她是我需要的一切。

無法選擇

「馬丁？」

我捧著鞋盒，像是把它當成可以抵擋攻擊的堅固盾牌。

「馬丁？你還好嗎？」

我無法看她。我僵住了，頭頂上是明亮的燈光，音樂從音響震出。青少年在我的輪椅旁邊走動尖叫，運動鞋在我面前堆成高牆。我應該要試過一雙又一雙鞋子，從中挑出一雙，可是我做不到。我不知道要怎麼選。

「您要全白還是有花色的？」

「耐吉還是愛迪達？」

「經典鞋款、高統，還是滑板鞋？」

「預算在五十鎊以下還是一百鎊以上？」

一開始我還很享受英國店員對我說話的方式，但現在我只能想著膝上鞋盒裡這雙瓊娜才剛買給我的棕色皮鞋。她已經花了太多錢了，不能再讓她為我付出。

「您想試穿哪雙鞋子嗎？」店員問：「還是要我幫您量尺寸呢？」

我盯著腳上這雙結實的黑色鞋子。這雙鞋已經穿了八年了，一路包到腳踝，可以支撐我的腳掌。我從沒想過還要別雙鞋子。這就是我的鞋子。我每天穿著，不然就是穿拖鞋。可是瓊娜提議或許我想換點別的，我同意了，因為我不知道還能說什麼。可是我幹嘛要三雙鞋子？

我知道我必須做出決定，顯示我知道自己的心意，不然瓊娜就會看穿我一直隱瞞著她的事實。在我們認識的幾個月裡，我一直守著一個祕密。這個祕密我藏得很深，不讓它公諸於世。可是現在我沒辦法掩飾下去了——我配不上她。如果我連選鞋子都不會，要怎麼當個好丈夫？我迷失在瓊娜充滿選擇的世界裡——要吃什麼、去哪裡、什麼時候做什麼事情。做出了一個決定，感覺下一個決定就緊跟在後，我被這些一點都不習慣的選擇打得體無完膚。

「你要吃哪種穀片？」第一次去超市時，瓊娜這麼問。

我盯著架上一整片以各種基礎色彩的紙盒構成的畫布，發覺我根本不知道要怎麼決定。整天要花上幾個小時選擇吃什麼東西，大家還有時間做別的事情嗎？超市裡的每一樣商品都是如此：濃湯不只一種，麵包不只一種，至少有三十個口味，還有上百個同伴。

瓊娜發現我無法決定，便要我告訴她我想吃什麼，可是我連這件事也做不到。我很早就教自己學會忽視飢餓，忽視我永遠無法滿足的渴望，所以我忘記了飢餓的滋味，也不會特別想念某種食物。現在我偶爾可以自己選擇想吃什麼，但我沒辦法像其他人一樣選出塞滿購物車的東西。

我再次仰望那堆運動鞋。我一直在等待這一刻。我知道總有一天，我會被逼要自己做決定，可是瓊娜不聽我說。她試著說服我有辦法應付她的世界，因此我也試著讓她看見自己的錯誤，一次又一次地問她究竟為什麼愛我。

「因為你是個很好、很善良的人，跟其他我認識的人完全不同。」她說：「因為你聰明又體貼，溫暖又有智慧。因為你的愛是如此徹底，因為你教我放慢腳步，留意我每天匆忙來去的世界。

「馬丁，愛你的理由太多太多了：你的笑容，你看著我的模樣。我沒辦法全部說出來。」

然而，她的安撫現在起不了多大作用。我甚至無法決定要買哪雙鞋。她即將發覺在我內心深處，我依舊不太理解成年人的生活。我對這個世界的恐懼就像體內壓了一塊巨石，像是威脅的黑影，要遮蓋她所有的光芒。我不是她心目中的那個人。我是個假貨。

「你真是個好看的男人。」幾天前，她幫我刮鬍子的時候這麼說。

瓊娜對著鏡中的我微笑，我沒辦法回以一樣的笑容。事實上，我差點僵住了，因為從來沒有哪個女人稱呼我為男人。我一直期盼從女性口中聽到這個詞，可是在如願以償的這一刻，我也好害怕，因為我花了好幾年才接受自己是個大人。當瓊娜看著鏡中的我，我無法回望自己的倒影，因為我無法相信她的話。

「馬丁，看看你自己。」她柔聲說：「拜託，看一眼就好。」

如果她知道事實，她就不會說我是男人了——跟金姆還有瓊娜的朋友一起幫她慶生的時候，被這麼多陌生人包圍，我毫無招架之力；當我看著餐廳菜單，上頭有太多我不認得的食物，更別說是判斷我想不想吃；我總是相信自己做錯了什麼事，道歉的話語幾乎每分鐘都會從我心中冒出來。

我並不是不想成為瓊娜心目中的那個人。我只想保護她，不讓她受到傷害。然而現在她看著我，我發現重點不是我的希望；我根本不是瓊娜需要的男人。她永遠無法依賴我。我試著踏出自己認識、理解的狹小空間，卻被龐大的世界壓得喘不過氣。

「馬丁，我的愛。」瓊娜說：「你還好嗎？」

我抬起頭，心臟恐慌地狂跳。淚水湧入我的眼眶，她的臉龐閃閃發亮。我無法阻止淚水滑落。我坐在鞋店裡開始啜泣，感覺她的手臂環抱住我。

共舞

我與她共度了許多永生難忘的時刻，那一夜正是如此。大約是半夜十一點，我們在倫敦市中心的特拉法加廣場。白天四處觀光，還去看了場戲，現在我們來到寬闊廣場的正中央。納爾遜聳立在我們頭頂上，看顧著倫敦。他站立的紀念柱周圍有四頭巨獅守護，旁邊還有一座被燈光照亮的噴水池。終於暗下來了。英國的天光直到晚間才會消逝，不過現在天空一片漆黑。再過不久就該離開，可是我們一定要先做一件事。

我腦中填滿過去兩個禮拜的景象，要帶著一幕幕回憶離開：第一次跟瓊安去游泳的時候，我把她抱了起來，水的浮力幫了我一把；進入西敏寺，感受教堂的雄偉之美——石塊與日光、和平與寧靜——她的手就在我掌中；並肩坐在玫瑰花園裡，一邊曬太陽一邊吃午餐；吸入剛泡好的咖啡香氣，她就坐在我對面，我驚嘆地發覺我們終於在一起了。有許多回憶要好好保存：即使電影人物就在螢幕上大吼，我還是在她身旁睡著了；看著她努力吞下苦澀的蘇格蘭威士忌，笑她皺起來的臉；一起坐在雪伍德森林裡頭，看她對我微笑。

現在我們默默凝視彼此。在見面前，我們夢想要做好多好多事情，這就是其中一件。我握起她的手，腳往水泥地面一蹬。我坐著輪椅，輕輕往前移動，帶瓊娜繞著我轉圈。我看著她，知道她聽得見我耳中的音樂。這是愉快的曲調——不會太快，不會太慢。她哈哈大笑，原地轉圈，頭髮被微風稍稍吹起。喜悅流過我全身。我們在跳舞。

瓊娜跟馬丁，攝於二〇〇八年六月

離開

如果說過去我覺得瓊娜只是一場夢，那麼，就在這一刻，我終於知道她是真的。我看著她哭泣，痛楚刺滿我全身。今天我要離開英國，還要兩個月我們才會在加拿大重逢。我看著她，告訴自己我們得要把目光放在年底，到時候她會飛來南非過聖誕節，接著我們一起回英國展開新生活。我們已經敲定了這些計畫，在安排好所有細節之前，我們不會告訴任何人。然而，當我親親瓊娜的臉頰時，我們的計畫感覺好遙遠。她靜靜打直背脊，抹去淚水。

「我的親親，沒有你，我要怎麼辦？」說著，她靠過來吻我。

我看著她，知道她了解我想說的一切。她往後退開，嘆了口氣，站起來。

「我把行李放到車上。」她說：「要趕快出門了。」

她的手指緩緩劃過我的手掌，彷彿是想盡可能與我相繫。但我們都知道有些事情無法避免，她離開房間，我看著敞開的門扉，胸中心臟沉重得像石頭，不過受到瓊娜那麼多的安慰，我得要為了她堅強起來。

我解釋自己的恐懼，怕她倉促選擇了這個被她的世界沖昏頭的男人，她聽到後這麼說：「這種感覺很快就會過去。你第一次來這裡，一定會覺得難以適從。你不會一輩子都如此，因為你很快就會習慣這裡的生活。

「馬丁，我知道你有多堅強，多厲害。看看你的成就。別因為這趟旅程就懷疑自己。」

她對我微微一笑，我知道我永遠不會厭倦坐在桌邊跟她談笑的時光。這是我們共享的最高級娛樂之一，我們往往會聊到餐廳打烊。

「孩子，你真了不起。」某天，有位老先生走過瓊娜跟我的座位，看到我們在聊天，他突然開口。

我們看著他，不知道這話是什麼意思。

「你學英文字母學得這麼認真！」他指著我的字母板。

現在轉頭環視空蕩蕩的房間，當時的歡笑感覺離我好遠好遠。我已經嚐到思念的痛苦。我想把這份感覺壓下來，不能被它打倒。我得要為了她堅強起來。可是痛楚不斷飆升。在短短兩個禮拜內什麼都變了。我習慣一早起來就看到她，晚上睡前還是看到她，在這之間一次又一次地感受她的撫觸。現在我得要回到過去的生活。可是我找她找了那麼久，要如何恢復往日的心境呢？

我胸口緊抽，疼痛變得更尖銳。我大口吞下空氣，聽見悶悶的聲音，沙啞的痛苦喘息憑空出現。我東張西望，房裡沒有別人。這是我的聲音。我第一次聽到自己的聲音。這是受傷動物的低吠。

岔路

我回到家後，爸媽的質疑便一直在空氣中醞釀，宛如等待俯衝的鳥兒。

「你突然消失，」爸爸坐到我對面，「你應該要讓我們知道你去了哪裡、要做什麼事情。沒有你的消息，你媽媽要瘋了。」

我不認為他真正想說的是這幾句話，不過在我離開英國前，金姆把我拉到旁邊說話，我已經料到他們會找我談談了。

「爸媽真的很擔心。」她說：「你父親節也沒有跟家裡聯絡，爸爸很不高興。」

我不確定這是百分之百的事實。爸媽很習慣知道我做的每一件事，在什麼時間做了什麼，但我認為當我第一次忘記家人時，媽媽會是最難過的人。我腦中被未來填得滿滿的，即使聽著爸爸的斥責，我幾乎無法思考現下。

瓊娜跟我又恢復了只有網路跟電話的生活，我真納悶我們認識的頭六個月究竟是怎麼度過的。見到她以後，與她相隔兩地是更大的折磨。

我沒有倒數搭上前往加拿大的班機的時間，把自己逼瘋，而是努力不讓自己閒下來。此時此刻，最能分散我注意力的就是準備替瓊娜訂做戒指。她之前買了一枚戒指，雖然便宜，卻很得她青睞，我請珠寶工匠用純金複製一枚，上頭鑲著交纏的樹葉圖案跟小小的翡翠。我要在求婚那天送給瓊娜。

「馬丁？」

爸爸看著我。

「你在聽嗎？」

有時候我還滿慶幸不需要回話。

「好吧，你有責任讓大家知道你的狀況，這點你同意嗎？」他問，「我知道你在國外有更重要的事情要忙，可是你應該要保持聯繫。」

我點點頭。

爸爸的臉龐放鬆了些，他起身準備離開。他暫時安心了。他的世界恢復原狀，因為我又回到家裡了。他走出房間，我第一次發覺告訴爸媽我要搬去英國跟瓊娜住，對他們來說有多麼煎熬。我不只是要離開家，還要搬去世界的另一端。努力爭取自由的青少年往往會不經大腦地反抗父母，我不可能不知道，我的人生道路變動也會永遠改變爸媽的人生。

坦白

直到我回顧夢想，發現它們產生多大的改變，這才知道夢想是持續不斷的動態。我是在瓊娜跟我去加拿大期間發現了這件事。在研討會上，我們參加了黛安·布萊恩的夢想工作坊，自從第一次在溝通中心嘗試過以後，我參加過好幾次。

「你要我畫什麼呢？」坐在我旁邊的瓊娜問道。

回想與黛安認識後，我數度自問我敢做怎樣的夢。第一次問自己這個問題時，我只想多跟人溝通，走進這個世界。等到我達成願望，開始工作，我夢想要過著更獨立的生活，找人與我共享人生。現在我遇到瓊娜，她的夢想也是我的——一場婚禮，還有屬於兩個人的房子。

現在，這些東西都在我們唾手可得的地方。離開英國後，我申請了在英國居住的簽證。爸媽知道我正在辦理這些手續，跟弟弟大衛一樣，可是我們還沒有提及細節，因為我想等一切就緒再來討論。不過呢，當我坐在夢想工作坊裡頭，我知道我得要試著告訴大家我想過怎樣的生活，於是我跟他們說瓊娜和我打算結婚。

消息傳得很快，因為我是ＡＡＣ社群中的名人，學術人士、專家、其他使用者跟他們的家人都認識我。儘管我怕有些人可能會氣我要離開南非，離開我在這裡的一切事業，我的朋友跟同事的態度遠比我想像的還要正面。他們全都恭喜我們，在那之後，我開始倒數還有幾個禮拜就要去英國。

離開爸媽當然很困難，再過不久就必須與柯傑克分開更是難如登天——我們一直互相陪伴。雖然瓊娜查過帶牠去英國的辦法，但我們都知道這條路行不通，因為牠撐不過六個月的隔離檢疫。我相信爸媽會答應留下牠，現在他們已經很喜歡牠了，即便如此，我還是好害怕別離的時刻。

我一直拖著向爸媽坦白的時機，希望先擁有實際的計畫再說。現在一切都安排好了，再過幾個禮拜，瓊娜就會來南非過聖誕節，之後，我要跟她一起飛回英國。所以，我不能繼續逃避這個無法避免的時刻，今晚我要跟父母說，等到瓊娜來到這裡，我打算跟她求婚。

我們三個坐在書房裡，我說：「我想跟你們談一談。」

他們看著我，我想到跟爸媽一起在這個房間裡度過的時光。從尋找溝通器材開始，接著是一一測試產品。然後，書房裡塞滿了裝著各種設備的紙箱，我看爸媽耐心地幫我安裝軟體。我還記得發現自己很快就能說出許多字彙時心裡的驚喜；一個小時又一個小時，一週又一週，媽媽坐在我旁邊好幾個月，幫我學習溝通；爸媽看著我首度緩緩按下足以構成句子的符號，興奮從他們身上散發出來。

獲得健康中心的工作時，發現我成功申請到大學學程時，他們跟我一樣自豪。在我踏向這個廣闊世界的旅途中，每一步都有他們陪伴：陪我參加研討會和會議；填寫各種表格，幫我四處跑；坐在我身旁一起聽演講，當講者把我介紹給聽眾時，站在我旁邊；在我沮喪時鼓勵我、哄著我，也慶賀我的成功。無論在家裡還是在外頭，他們關照我生活中的每一種需求。他們沒有安穩的中年生活，而是奉獻自己照顧我。現在我只希望他們能理解我離開的原因。

從英國回來以後，我看著他們開始對瓊娜的疑慮漸漸消退。他們了解我們是認真在交往，也很高興我的人生中出現了在意的對象。媽媽說她從沒看過我這麼快樂的模樣。爸媽問我瓊娜的事情，有時透過網路跟她聊天，很期待她能來這裡陪我們過聖誕節。現在我希望他們能歡迎她成為我們的家人，同時也理解我為什麼必須離開他們，創造新生活。

「怎麼了？」他們坐到我身旁，媽媽問：「發生什麼事情了嗎？」

我已經準備好要說的話了，按下按鍵，訊息顯示在螢幕上。

「我要告訴你們一件事，希望你們會高興。」

他們讀著我的訊息，一言不發。

「你們知道瓊娜跟我深愛彼此，但還有一件事情要告訴你們。

「她十二月來這裡的時候，我會跟她求婚，然後等聖誕假期結束，我們打算一起回英國。

「我們已經討論好幾個月了，我知道這麼做是對的。希望你們能為我的決定高興。」

我把手插進口袋裡，掏出我幫瓊娜訂做的戒指。爸媽凝視著它，沉默了好一會兒。

「好漂亮！」最後媽媽這麼說：「喔，馬丁！好美！」

她笑了起來，爸爸也是。我鬆了一口氣。

「孩子，恭喜！」爸爸抱住我，「這個消息真是太好了。」

他靠向我。

「我們以你為榮。」他說。

爸媽很高興。他們知道放我離開的時候到了。

往上、往上、飛向遠方

我等瓊娜換衣服，屋外一片黑暗，不過太陽即將升起。我跟她說要做一件特別的事，但她不知道究竟是什麼。我只說她得要穿著輕便的棉質衣服，因為一會兒就會變熱。十二月的白天有時熱得要命。瓊娜才剛抵達南非，我們在樹林裡的農舍住了兩三天。距離我們最後一次見到彼此已經過了四個月，我知道她跟我一樣感動——我們再也不用道別。在禮物日當天——離我們第一次認識差六天就滿一年——我們將要飛回英國開始新生活。

替瓊娜訂製的戒指藏在我的口袋裡，用棉繩繫在腰帶上，這樣就算求婚時我顫抖的手拿不穩，它也不會掉落。我幾乎無法相信竟然能坐在這裡向她求婚。有可能嗎？我的人生真的改變了好多，還是說這又是一場夢，就跟我身為幽靈男孩時連續好幾個禮拜的白日夢一樣？我不敢捏自己一把，就怕會醒過來，我不要這樣。

瓊娜三天前來到這裡，見過爸媽之後，她帶我到這間農舍見她母親。這幾個月來，我不斷寫信給瓊娜的母親，因為我知道總有一天，我會請她把女兒交給我，現在我將最後一封信遞給她。

「我想請瓊娜跟我結婚。」信中寫著：「但我希望能先得到妳的祝福。」她母親沉默了許久許久，才對我露出笑容。她是個慷慨善良的人，能看出真愛的所在——即使那份愛情的形式不合某些人胃口。

瓊娜走進房間，我抬起頭，對她微笑。

「準備好了。」說著，她走向我。

在昏暗的光線下，站在白牆前的她只剩陰影的輪廓。我的心跳漏了一拍。她好美。

我們踏入晨間清涼的空氣中，坐上我們租的車。我替瓊娜指路，深入荒野，她不再追問我們要去哪裡。她知道我的計畫嗎？還是說她認為這又是一次我平時常帶給她的驚喜？

沿著塵土飛揚的小路開向草原中的空地，我看見熱氣球的骨架放在我們面前的地上。瓊娜一直都想從半空中看地面，發現接下來會有什麼體驗，她笑了。

「真不敢相信你幫我訂了這個！」她轉身吻我。

我們兩個下車，負責操控氣球的工作人員在灰色的晨光中等待，推進器的橘色火焰隨即點燃，照亮黑暗，銀光從地平線下鑽出來。太陽正緩緩上升，我們馬上就會從雲端看見。瓊娜跟我看著氣球從地上緩緩飄起，等到一切就緒，我們爬進籃子裡。我坐在高腳椅上，與瓊娜同高，抓住籃子邊緣，等她跟在我後頭爬進來。

熱氣球飛行員對我們笑了笑，告訴我們即將升空，籃子靜靜離地，我們往上飄起。我看著瓊娜的臉龐，看到四周的樹叢漸漸消失，她笑了。我們升得更高一些，我望向地平線，天色更亮了。天空是一片粉紅色，下方林木單調的色彩慢慢亮起綠色與棕色。大地迅速遠離，我聆聽寂靜。空中好安靜，我們只聽見熱氣球火焰燃燒的聲音，還有不時響起的鳥鳴。

瓊娜跟我手勾著手，看太陽爬得更高一些——灰雲後的耀眼白光，接著是照亮黑暗的粉紅色，夾雜著一抹抹橘光。原本陰暗的地平線逐漸被太陽照成金黃，我們看到腳底下的大地：河流、樹木、流入山谷的瀑布；斑馬飛奔，牛羚和疣豬在水坑旁喝水，長頸鹿吃著樹枝上的樹葉。

「太美了。」瓊娜對我說。

就是這一刻。我一手插進口袋，掏出我的手機。我已經錄好一段訊息，裡頭全是我想告訴瓊娜的話。她看我遞給她一組小耳機，她戴上耳機，我按下按鍵。

「任何語言都沒有字彙可以完整表達我對妳的感情。」我告訴她：「妳進入我的生命，給了它意義。妳用鮮豔的色彩填滿我灰暗的世界，我好像已經認識了妳一輩子。

「跟妳在一起，時間彷彿停止了。妳不只給予我的心跳動的理由，還讓我的心歡欣高歌。」

她看著我，微微一笑，我捏捏她的手。

「每過一天，我對妳的愛就更深更濃，更強大、更飽滿，因為妳的內心與外在都無比美麗。」我說：「儘管愛情不只是鮮花與美酒——有時候也要吃一點鹽巴——我知道我少了妳就走不下去，不希望人生中有片刻離開妳。

「妳是我的靈魂伴侶，我的摯友，我的良伴，我的愛人，我的磐石與力量，我在這個瘋狂世界中的柔軟角落。

「這就是我想用擁有的一切抱住妳、珍惜妳、照顧妳、保護妳、愛妳的理由。

「因此，請問我有這份榮幸、這個特權，能與妳共享餘生，娶妳為妻嗎？」

我從口袋裡掏出戒指，向她舉起，看到那一圈掛在繩子上、在晨光中閃耀的金色，瓊娜眼中泛起淚光。她朝我彎下腰。

「好的，我的親親。」她說：「成為你的妻子是我的榮幸。」

她給了我最長最久的吻，然後才站起來。我雙臂繞著她，跟她一起眺望面前無盡延伸的地平線。

剛剛互定終身的新人

說再見

紙箱擱在房間另一端，但我不確定是否真的想看見裡頭的東西。箱裡裝滿我小時候好愛好愛的樂高積木。我真的有勇氣再次喚醒幽靈男孩，看他枯萎的四肢與空虛的雙眼在我面前浮現？過去這幾天，我已經看見他夠多次了，我不確定還能再度面對他。

瓊娜跟我正在打包我要帶去英國的東西。除了日常用品，我們還整理了爸媽保存多年的箱子，我深刻認識到過去的遭遇全都困在這些讓人喪氣的紀念品裡：以前的X光片與醫療紀錄跟曾經用來防止我的手指握成拳頭的夾板放在一起；輪椅上的舊抱枕堆在以前接了我許多口水的圍兜上。每一樣東西都勾起一段回憶，但瓊娜是第一次近距離接觸我的人生故事。她原本只認識比較強壯成熟的我，現在看見了我的過去，還有爸媽的妄想——他們認為我還有機會握起東西，因此準備了特大握把的湯匙。

眼前所見不時把我嚇著，我的生命一路衝刺，幾乎忘記曾經病得多重。雖然我感覺到這對瓊娜來說是極大的難關，我也知道在這個世界上，沒有其他人能陪我做這件事。換作讓其他人看到這些東西，在他們面前再次勾起這麼多黑暗回憶，我一定會羞愧不安。不過有瓊娜陪我，看著幽靈男孩起死回生，我心中只剩悲傷，因為他的存在是那麼不幸。

昨天媽媽跟我說車庫裡還有一堆箱子，可是她跟爸爸似乎都不太想拿給我。跟瓊娜一起翻出裡頭的東西時，我終於知道為什麼。金姆跟大衛的箱子都塞滿青少年生活的物品——錄音帶、學習檔案、舊海報、衣服——而我放在車庫角落的箱子早已泛黃，積滿灰塵，裡頭只有小孩子的玩具。感覺像是有個小男孩死了，旁人匆忙收起他的人生——接著，我想起來了，他真的已經死了。

「你看！」瓊娜拉出幾個小盒子，打開其中一個。

她手中捧著一個五顏六色的布偶。

「他叫普波。」媽媽低聲說。

我抬起頭，看到她站在門邊，彷彿是不敢踏進車庫，看見我們正在拆開的事物。

「他是馬丁的最愛。」她說。

我看著玩具，努力回想在某個時刻，我在這世界上的最愛是一隻橘色絨毛狗狗，他有淺綠色的頭髮、紅色耳朵、紫色鼻子、藍色腳掌。我好想好想記起來。我真想跟其他人一樣擁有這種記憶，想知道對玩具愛不釋手的小孩子是怎樣的感覺。然而無論我多努力，連一絲記憶都找不出來。什麼都沒有——就連可以攀附的些許影像都沒有。

即便我很清楚那些都是提醒爸媽失去了什麼的痛苦事物，能看見與過去——有時候我會懷疑這是否存在——的連接，讓我安心許多。媽媽站在我身旁，瓊娜拆開更多箱子——GD做給我的木馬、宣布我出生的電報、學校教科書——我感覺到她的悲痛。當瓊娜從箱底找到一張標準尺寸的筆記紙，媽媽什麼都沒說。這是一封我八歲時寫給聖誕老公公的信，字體整齊到讓人心痛，我慢慢讀著，試著聽見自己唸出這些好久以前寫下的字句。

親愛的聖誕老公公：

謝謝您去年送給我們的禮物。都是我想要的東西。今年的聖誕節我想要這些：計速器、滑板、建築積木、太空樂高、腳踏車的水壺、太陽能電池、無線遙控車。聖誕老公公，我想請爸爸不要關掉聖誕樹的燈。聖誕老公公，我剛才說想要建築積木。如果您決定要送我建築積木，可以給我電動的嗎？

您忠實的收禮人，

馬丁・皮斯托留斯

附註：如果可以的話，我會留一杯飲料跟一些點心給您。我會問爸爸能不能開著聖誕樹的燈。我們會把襪子掛在樹上。

附註二：還有整組的對講機。

看著這封信，悲傷和喜悅湧上我心頭——悲傷是因為我記不起那個快樂的小男孩，喜悅是因為我曾經是這樣的人。然後我望向媽媽，發現她聽著字句，表情僵住了。我們都沒有多說什麼，瓊娜小心翼翼地放回紙條，蓋上箱蓋。

「今天就到此為止了？」她問。

現在，我們回到擺滿紙箱的車庫，我看著裝了樂高的箱子。瓊娜掀開蓋子，我看到一大堆積木，有大有小，有的壞了，有的蓋滿灰塵。積木好多好多，幾乎要滿出來，我知道至少還有兩個同樣的箱子。

「你最喜歡的一直都是這個。」媽媽說：「你好愛玩樂高，總是花好幾個小時蓋房子。樂高是你在這個世界上的最愛。你小時候真的很聰明。」

她的嗓音無比沉痛，幾乎要滴出淚水了。

「真不該送給大衛的。」她說：「他求了一次又一次，我每次都說不行，直到有一天，我終於答應。他不像你這麼愛惜玩具。」

她凝視著箱子，我知道她看見的是那個快樂健康的小男孩，一邊拼鮮艷的塑膠積木，一邊笑得燦爛。

「我把這送給你弟弟是因為我以為你不再需要了。」媽媽低聲說：「當時我不認為你會回到我身邊。」

媽媽看著我，承認她不再相信希望，我知道直到今天，她內心的某些傷痛還是沒有癒合。儘管那個熱愛樂高的小孩子與我形同陌路，對我爸媽而言，他太過真實了。他是他們愛過又失去過的孩子。

放手

我坐在農舍的床上，這裡是瓊娜母親的家。再過幾天我們就要去英國了。瓊娜才洗好、收好最後一份樂高積木。儘管要帶這些東西去英國，把過去都整理得整整齊齊、重新打包，我的心裡還是不踏實。自從離開爸媽家以後，一股悲傷聚在胃裡，日子一天天過去，它變得越來越沉重。

我不斷回想媽媽看著樂高的表情。她看起來好失落，好受傷，我相信雖然爸爸隱藏的比較好，他也有同樣的感覺。我忍不住一直想起他們，想起藏在箱子裡的快樂孩童。我從未真正搞懂他的面貌，直到我打開箱子，找到那個熱愛電器用品跟建築積木的小男孩，他會寫很有禮貌的信給聖誕老公公，也深深敬愛自己的爸媽。現在我忍不住想到他。

淚水緩緩流下，靜靜地沿著臉頰滑落。瓊娜抬起頭。

「馬丁？」她高呼。

她從地上站起來，展臂擁抱我。想到爸媽、弟弟、妹妹，還有我失去的一切，我重重呼氣，肩膀上下起伏。想到我帶來的痛苦，心底填滿罪惡感，真希望我可以改變過去。真想讓家人過上他們應得的簡單、幸福生活。思考為什麼爸媽花了那麼多時間才把我救回來，疑惑翻湧而上。為什麼他們沒有看見我已經回到他們身旁，為什麼沒有保護我不受傷害？我的眼淚是為了他們對那個慢慢病倒的孩子付出的愛，為了他們不斷付出，也為了那個才剛見過面的小男孩，無論我多想了解他，這是永遠無法達成的心願。我只擁有他寫過的幾張紙，還有幾個舊玩具，我知道他在我心中永遠缺乏真實感。他是一個靈魂，一段困在褪色照片裡的回憶，而我永遠不會認識照片中的人。

瓊娜把我抱得更緊，淚水從我眼中傾瀉而出。我哭了又哭，無法阻止自己為了那麼多人的失去而悲傷。不過，在她的懷抱中，我知道瓊娜再也不用像這樣安慰我。當我面對過去時，水壩已經破了。現在我要為它哀悼。我希望再過不久就可以說出最後的道別。

嶄新人生

我們在英國的公寓很小，容不下我的電動輪椅，我只能坐傳統輪椅，自由地在一小段走廊間來回移動，為了馴服熱水壺跟烤土司機，我不斷被燙傷。我燒掉一條抹布，還拿家具亮光漆清潔廚房磁磚。不過我說服自己，這段兩公尺走道就是我的好萊塢大道，窗外的花園是阿爾罕布拉宮，煮飯的廚房是最棒的巴黎餐廳。長時間以來，我以為最值得的挑戰是書房裡的工作，我錯了，日常生活中還有許多關卡。

抵達英國後，我在幾個月間變得更強壯，現在可以用腳推著地板在公寓裡來去自如。我的手臂力氣還不夠控制輪椅，但我可以直挺挺坐上一整天了。我的左手還不太可靠，可是右手不斷進步。我很少試著用雙手做事，大多交給右手臂處理，身體似乎很喜歡往新的方向發展，因為我的失敗全都被成功彌補過來：我不太擅長開瓶子，可是現在有辦法往杯子裡倒咖啡；我還對付不了鞋帶，可是我能推著吸塵器在木頭地板上四處走。

然而，生活中還有許多聳立在我面前的挑戰。看著瓊娜掛起窗簾，或是看著高掛在頭頂上的櫥櫃，我覺得自己好沒用。某天晚上我決定要煮晚餐，我試著用掃把勾下櫃子裡的整袋麵粉，卻眼睜睜看著它倒在我身上卻無法阻止它。那天晚上瓊娜回到家，發現我——還有整間公寓——全都沾滿了麵粉。

最大的失敗發生在我想整理院子的時候。瓊娜找到她一直想擁有的附院子公寓，我想維持院子的完美。於是，當蒲公英綻放出遍地鮮黃小花，我決定該做點事。我小心翼翼地往蒲公英——以及整片草坪——倒上除草劑，隔天早上卻發現草地全變黃了。我發現我做錯了，只能看著草慢慢死去。瓊娜跟我在地上灑滿種子，希望英國連續的雨水能灌溉出新草坪。

我是自由接案的網站設計師，工作以外的時間全用來精進主夫手藝。我很喜歡學習照料家務，瓊娜又很少責怪我犯的錯，讓我懷疑她知不知道我有多無能。

「怎麼辦？」她大聲哀號，因為有一根釘子插在車子輪胎上。

我毫無頭緒。

「要拔出來嗎？」瓊娜問我。

我越來越清楚她假定我腦中內建了長長的實用資料，就因為我是男人。然而察覺我什麼主意都提不出來，瓊娜彎腰拔出釘子。氣體從輪胎裡嘶嘶噴出，我們看著它緩緩扁掉，互看一眼，笑了起來。

「下次就知道要怎麼做了。」她說。

不過，有時候她的耐性會稍微弱一些。某個週末早晨，我們準備要出門，她轉向我問：「要先去超市還是藥房？」

我不太確定。我還是不擅長規劃一天行程，樂於遵循瓊娜希望我們採用的生活模式。

「我不在意。」我打字。

反應跟往常不一樣，她沒有起身，喋喋不休地跟我閒聊，只是坐在原處。

「怎麼了？」現在我沒在用字母板，而是改用她給我的攜帶式鍵盤。

「沒什麼。」

但她還是沒動。

「妳確定。」

「很確定。」

我們靜靜坐著。

「我只是在等。」最後瓊娜說。

「等什麼？」

「等你決定今天早上我們要做什麼。我累了，想讓你做決定。

「我知道你可以的，因為我看過你工作的模樣。你在加拿大的研討會上是眾人的焦點，在那個世界裡，你擁有完全的控制權——你引導聽眾，讓他們安心，給予他們建議，帶他們前進。

「我要你在家裡也這樣。我知道你還不習慣，可是我不想負責決定所有的事了，我的親親。所以我坐在這裡，等你決定今天做什麼。」

我不確定要如何回答。我看著瓊娜，我知道如果必要的話，她可以等上一整天。

「要不要先去超市？」最後我說。

她沒有第二句話，起身出門。我慢慢學習選擇要做什麼、吃什麼，判斷我是餓了還是渴了。不過，面對六月的婚禮，我完全無法逃避所有決策。只剩下兩個月的空檔。

瓊娜工作很忙，婚禮的籌備大多落在我頭上。她夢想這一天好久了，已經收集了上百個要給賓客用的金盤子。不過當我們發現有很多人得從遠處來赴宴，我們決定來點特別的，打算在教堂裡舉辦簡單的儀式，只有八個人參加——我爸媽、大衛跟金姆、瓊娜的母親，以及三個她在英國的朋友。無論婚禮規模有多小，食物、鮮花、服裝、交通、集合地點、菜單全都不能含糊。細節太多，我得要建立一個資料夾，裡頭裝滿瓊娜跟我一起細讀的資訊，之後再來決定怎麼做。

我唯一能夠百分之百確定的是那枚在離開南非前幫瓊娜做的戒指。黃金寬戒上點綴著鑽石，細細的金銀線描繪出兩片相依的蚌殼。那代表我們的愛，只要它們決定在海灘上共結連理，誰都無法拆散它們——連大海的力量也辦不到。

等待

教堂裡涼爽又安靜。在我面前的長長走道末端，媽媽、弟弟、妹妹坐在長椅上；朋友們坐在另一側。我在教堂門內等待，仰望祭壇後方的彩繪玻璃大窗戶。很高興照進來的光線越來越亮。稍早下了點雨，我不希望今天被任何意外毀掉。現在我轉頭望向門邊，可以看見明亮的陽光。這是一個似乎只屬於英國的燦爛六月天，樹籬上開滿花朵，玫瑰怒放，頭頂上的蔚藍天空無邊無際。

我想到瓊娜。從早上開始就沒有見到她了，她先去等一下要開宴會的鄉村俱樂部準備。那是一幢喬治亞風格的大宅，屋前有好大一片青綠草坪，四周擺了薰衣草花床，蜜蜂慵懶飛舞——完美如畫。沒有人會忘記這一天。我望向走道盡頭，媽媽對我微笑，自從她抵達此處，臉上一直散發著幸福的光彩。弟妹靜靜坐在她身旁。能看到他們來這裡真是太好了。爸爸站在我身旁，他是我的伴郎。

「她很快就會來了，」他低頭看我，輕笑一聲，「不要太擔心。」

我不擔心。我只感受到愉快的焦躁，好想見到瓊娜。在兩個小時前抵達此處時，我就急著想跟她完婚。很高興爸爸陪我等待。稍早他幫我換衣服——扣好我的白色襯衫，綁好紅色領巾，幫我套上深灰色條紋西裝，繫上黑色皮鞋的鞋帶——我發覺他安靜穩定的存在正是我今天最需要的陪伴。他帶給我熟悉的安心感；這也是我最早的記憶之一。

不知道爸爸是不是想起了他的婚禮，靜謐的滿足正從他身上擴散出來。爸媽的婚姻之路並不平順，我想他們可能都沒料到會有這一天。他們讓我聯想到不敢相信童話故事最後會成真的小孩子。當瓊娜跟我帶他們參觀我們的公寓，還有在這裡的生活細節，他們的眼睛更亮、笑容更燦爛了。他們跟我們一起慶賀。

現在是下午一點二十五分。瓊娜將要搭著馬車抵達教堂。她看起來像是童話故事裡的公主，我是她不太傳統的王子。我想著她。她快樂嗎？緊張嗎？再過一會兒就要見到她了。我低頭看了看擱在膝上的說話箱。這是幾年前的舊機器，比爸媽差點就要買給我的黑盒子還要複雜一些。我很少用它，但今天我把它帶在身上，因為我得要說出我的結婚誓詞，以合乎法律規定。一般婚禮上的新人要說出將他們結合在一起的誓詞，而我必須由見證人看著我按下「我願意」的按鈕，證明我並非受到逼迫。

現在我想到等會兒要說出的字句。在我輸入溝通裝置時，每個字都烙印在記憶裡。

無論順境或逆境，
無論富裕或貧困，
無論生病或健康，
直到死亡將我們分開。

我永遠說不出比這還要意義深刻的話。想著我用這些字詞組合成的誓詞，每個音節、每一句話，全都在我體內震盪。距離我第一次接受評估還差一個月就滿八年了，我竟然能坐在這裡，準備把我的人生奉獻給瓊娜。

她教會我禮拜時讀到的聖經內容的真義：「如今常存的有信，有望，有愛這三樣，其中最大的是愛。」我的人生被這三個要素環繞，我知道其中最強大的確實就是愛——無論形式為何。我曾以小孩子、成年人、兒子、哥哥、孫子、朋友的身分體驗過愛，我曾在其他人之間看過愛，知道它可以支撐我們度過最黑暗的時刻。現在它將我舉向太陽，我從沒想過自己能飛這麼高。

我聽見匆忙的腳步聲。

「她來了！」有人高喊。「關上門！」

管風琴開始奏樂，爸爸朝我彎下腰。

「孩子，準備好了嗎？」他問。

我點頭，他推我沿著走道往前，記憶閃過我心頭。我看過許多，走了好遠的路。停在祭壇前，門口掀起興奮的騷動，我轉頭看到瓊娜。她穿著鑲滿水晶的白色婚紗，臉上蓋著白紗。她捧著紅玫瑰花束，臉上帶笑。我的心跳一窒。

今天我不要回頭看。現在該把過去拋開。

我只想著未來。

她在這裡。

朝我走來。

新婚的瓊安跟馬丁，攝於二〇〇九年六月

致謝

我要感謝我的家人，他們給予我莫大的幫助，我才有今天。媽媽、爸爸、金姆、大衛教會我許多課題——不只是歡笑，還有無論順境逆境，家人都要凝聚在一起的重要性。我深愛你們。

感謝波吉和柯傑克毫無條件的愛，證明狗兒真的是人類最好的朋友。

我還要感謝維娜・凡・德・華特、愛麗卡・姆邦葛莫、卡琳・費里、凱蒂・烏斯醫生、璜・波曼教授、莫琳・凱西、克斯丁・湯西、麥可・哈帝醫生、西蒙・西霍沙那、夏奇拉・達達醫生、珍涅特・路茲、柯妮莉・史特頓、愛蕾西亞・山繆斯、黛安・尼爾森・布萊恩教授、艾琳・奧利維亞、蘇・史汪森、柯涅・克魯格、傑西・巴克、黎特・普瑞托里斯、羅納爾・艾伯特、崔西亞・霍恩、珊卓拉・哈特雷。感謝他們的支持，也感謝他們讓我體會到友誼的珍貴。

要感謝的人還有好多好多，一言以蔽之，我欠朋友、同事、陌生人好大的人情，他們以各種方式改變了我的人生，幫助我走過人生的旅程。

感謝我在增擴與替代溝通管道研究中心的每一個朋友與同事，感謝你們的幫助、支持，以及我們相處的許多年。我還想感謝上帝，沒有祂，我今天就沒辦法走到這一步，感謝我擁有的、不斷領受的諸多祝福。

還要感謝西里爾斯·杜·普立茲，他總是樂意幫我解決電腦問題。感謝南非微軟公司的艾比·貝斯特。感謝保羅和巴尼·哈維斯，以及感知軟體的全體同仁，你們總在最需要的時刻伸出援手。

最後，我要感謝伊凡·莫卡西，一封電子郵件隨傳即到。感謝Simon&Schuster出版社的凱莉·夏普相信我的故事。最後要感謝的重量級人物是梅根·洛伊德·戴維斯，感謝妳付出的漫長時間，陪我走完這本書。

更多關於馬丁與增擴與替代溝通（AAC）的訊息，請上馬丁的個人網站：http://www.martinpistorius.com

國家圖書館出版品預行編目資料

困在身體裡的男孩：11年動彈不得，運用心靈力量重生的真實故事
/ 馬丁・皮斯托留斯（Martin Pistorius）、梅根・洛伊德・戴維斯
（Megan Lloyd Davies）著；楊佳蓉譯. -- 初版. -- 臺北市：商周出
版：家庭傳媒城邦分公司發行, 2016.04
面；　公分. --(生活視野；12)
譯自：Ghost boy : the miraculous escape of a misdiagnosed boy
trapped inside his own body
ISBN 978-986-93021-2-8(平裝)

1.皮斯托留斯(Pistorius, Martin) 2.傳記

786.818　　　105004747

困在身體裡的男孩：11年動彈不得，運用心靈力量重生的真實故事

Ghost Boy: The Miraculous Escape of a Misdiagnosed Boy Trapped Inside His Own Body

作　　者／馬丁・皮斯托留斯（Martin Pistorius）、梅根・洛伊德・戴維斯（Megan Lloyd Davies）
譯　　者／楊佳蓉
企劃選書／余筱嵐
責任編輯／余筱嵐

版　　權／林心紅
行銷業務／莊晏青、何學文
副總編輯／程鳳儀
總 經 理／彭之琬
發 行 人／何飛鵬
法律顧問／台英國際商務法律事務所 羅明通律師
出　　版／商周出版
台北市104民生東路二段141號9樓
電話：(02) 25007008　傳真：(02)25007759
E-mail：bwp.service@cite.com.tw
Blog：http://bwp25007008.pixnet.net/blog
發　　行／英屬蓋曼群島商家庭傳媒股份有限公司 城邦分公司
台北市中山區民生東路二段141號2樓
書虫客服服務專線：02-25007718；25007719
服務時間：週一至週五上午 09:30-12:00；下午 13:30-17:00
24 小時傳真專線：02-25001990；25001991
劃撥帳號：19863813；戶名：書虫股份有限公司
讀者服務信箱：service@readingclub.com.tw
城邦讀書花園：www.cite.com.tw
香港發行所／城邦（香港）出版集團有限公司
香港灣仔駱克道193號東超商業中心1樓；E-mail：hkcite@biznetvigator.com
電話：(852) 25086231　傳真：(852) 25789337
馬新發行所／城邦（馬新）出版集團 Cite (M) Sdn. Bhd.
41, Jalan Radin Anum, Bandar Baru Sri Petaling, 57000 Kuala Lumpur, Malaysia.
Tel: (603) 90578822　Fax: (603) 90576622　Email: cite@cite.com.my

封面設計／陳文德
排　　版／極翔企業有限公司
印　　刷／韋懋實事業有限公司
經　　銷／聯合發行股份有限公司
電話：(02)2917-8022　傳真：(02)2911-0053
地址：新北市231新店區寶橋路235巷6弄6號2樓

■2016年4月28日初版　　Printed in Taiwan
■2021年4月22日初版3.2刷
定價360元

廣　告　回　函
北區郵政管理登記證
北臺字第000791號
郵資已付，免貼郵票

104　台北市民生東路二段141號2樓

英屬蓋曼群島商家庭傳媒股份有限公司城邦分公司　收

請沿虛線對摺，謝謝！

書號：BH2012	書名：困在身體裡的男孩	編碼：

請於此處用膠水黏貼

商周出版

讀者回函卡

感謝您購買我們出版的書籍！請費心填寫此回函卡，我們將不定期寄上城邦集團最新的出版訊息。

不定期好禮相贈！
立即加入：商周出版
Facebook 粉絲團

姓名：＿＿＿＿＿＿＿＿＿＿＿＿＿＿＿＿ 性別：□男 □女

生日：西元＿＿＿＿＿＿年＿＿＿＿＿＿月＿＿＿＿＿＿日

地址：＿＿＿＿＿＿＿＿＿＿＿＿＿＿＿＿＿＿＿＿

聯絡電話：＿＿＿＿＿＿＿＿＿＿ 傳真：＿＿＿＿＿＿＿＿＿＿

E-mail ：

學歷：□ 1. 小學 □ 2. 國中 □ 3. 高中 □ 4. 大學 □ 5. 研究所以上

職業：□ 1. 學生 □ 2. 軍公教 □ 3. 服務 □ 4. 金融 □ 5. 製造 □ 6. 資訊
□ 7. 傳播 □ 8. 自由業 □ 9. 農漁牧 □ 10. 家管 □ 11. 退休
□ 12. 其他＿＿＿＿＿＿＿＿＿＿＿＿＿＿＿＿

您從何種方式得知本書消息？

□ 1. 書店 □ 2. 網路 □ 3. 報紙 □ 4. 雜誌 □ 5. 廣播 □ 6. 電視
□ 7. 親友推薦 □ 8. 其他＿＿＿＿＿＿＿＿＿＿＿＿

您通常以何種方式購書？

□ 1. 書店 □ 2. 網路 □ 3. 傳真訂購 □ 4. 郵局劃撥 □ 5. 其他＿＿＿＿

您喜歡閱讀那些類別的書籍？

□ 1. 財經商業 □ 2. 自然科學 □ 3. 歷史 □ 4. 法律 □ 5. 文學
□ 6. 休閒旅遊 □ 7. 小說 □ 8. 人物傳記 □ 9. 生活、勵志 □ 10. 其他

對我們的建議：＿＿＿＿＿＿＿＿＿＿＿＿＿＿＿＿＿＿＿＿

＿＿＿＿＿＿＿＿＿＿＿＿＿＿＿＿＿＿＿＿

＿＿＿＿＿＿＿＿＿＿＿＿＿＿＿＿＿＿＿＿

請於此處用膠水黏貼